Ulmer Taschenbuch 56

Johanna Woll
Margret Merzenich
Theo Götz

Feste und Bräuche im Jahreslauf

60 Farbfotos
6 Zeichnungen

2. Auflage

E.U.
VERLAG
EUGEN
ULMER

Unseren Freunden im Hohenloher Freilandmuseum Schwäbisch Hall-Wackershofen gewidmet

Titelbild: Eierdotzen, ein beliebtes Osterspiel.
Titelrückseite: Gebildbrote für verschiedene Anlässe.
Seite 2: Ländlicher Festzug, aufgenommen im Freilandmuseum Schwäbisch Hall-Wackershofen.

Die Deutsche Bibliothek – CIP-Einheitsaufnahme

Woll, Johanna:
Feste und Bräuche im Jahreslauf / Johanna Woll ; Margret Merzenich ; Theo Götz. – 2. Aufl. – Stuttgart : Ulmer, 1995
(Ulmer-Taschenbuch ; 56)
1. Aufl. u. d.T.: Woll, Johanna: Alte Festbräuche im Jahreslauf
ISBN 3-8001-6845-6
NE: Merzenich, Margret: ; Götz, Theo: ; GT

Wollgrasweg 41, 70599 Stuttgart (Hohenheim)
Printed in Germany

Lektorat: Ingeborg Ulmer
Herstellung: Jürgen Sprenzel
Satz: Typomedia Satztechnik GmbH, Scharnhausen
Druck und Bindung: Georg Appl, Wemding

Vorwort

In alter Zeit spielten Überlieferung und Sitte im Leben der bäuerlichen Bevölkerung eine große Rolle. Der Bauer richtete sich nicht so sehr nach Kalendertagen als nach besonderen Festtagen wie Lichtmeß und Martini, Kirchweih und Markt. Der Jahresablauf gab den Rhythmus von Alltag und Festtag an.

Sitte und Brauch prägten die Lebensform des Bauern. Sie bestimmten, was man tat und was nicht, wie man es tat und wann man es tat. In festgeprägten Normen verlief das Leben. Alles richtete sich nach Maß und Form der überkommenen Lebensweise. Für alle Lebensereignisse gab es feste Verhaltensregeln. Alltag und Festtag, Geburt und Begräbnis, Arbeit und Ruhe waren durch sie geordnet; kein Lebensbereich wurde ausgelassen. Stets waren die Älteren ihnen stärker unterworfen, sie sorgten für ihre Einhaltung. Die Kinder wuchsen in diese Welt hinein. Sie erlebten das Verhalten der Erwachsenen in den verschiedenen Lebenssituationen, wurden dadurch geprägt und übernahmen das Vorgelebte in ihr eigenes Verhalten. Altbewährtes wurde geachtet, an Erprobtem hielt man fest. Diese Denkweise ließ oft auch dort keine Erneuerung zu, wo sich das Tun gänzlich überlebt hatte.

Ihre feste kirchliche Bindung gab den Menschen Halt. Der Glaube war, wie die Arbeit, Inhalt ihres Lebens und bestimmte es von der Geburt bis zum Tod.

Auf unterschiedlichste Weise sind Bräuche entstanden. Viele verschiedene Quellen bilden ihren Ursprung. Es konnten dies weltliche und kirchliche Verordnungen sein, deren Befolgung zur Gewohnheit, zum Brauch wurde; oder Handlungen, von der Obrigkeit als sinnlos empfunden und verboten, wurden dennoch gepflegt und so langsam in den Schatz der Überlieferungen aufgenommen. Auch religiöse Bräuche sind auf vielfältige Weise entstanden und nehmen einen breiten Raum ein.

Alltags- und Festbräuche entwickelten sich regional unterschiedlich. Sie sind immer in engem Bezug zum sozialen Umfeld der Ausübenden zu sehen. Handwerker, Zünfte, Burschenschaften waren neben anderen sozialen Gruppierungen Keimzellen und Träger vieler traditioneller Festformen.

Viele Generationen lang weitergegeben, erlebten die Bräuche Veränderungen. Sie wandelten sich, vermischten sich miteinander, andere gingen verloren. Schon unsere Vorfahren bedauerten das Verschwinden von Bräuchen und maßen ihnen einen größeren Wert bei als ihren gegenwärtigen Lebensgewohnheiten, die mittlerweile längst den Charakter von Bräuchen angenommen hatten.

Um die Jahrhundertwende schuf die wachsende Industrie neue Einkommensmöglichkeiten und ließ viele Dorfbewohner in die Städte abwandern. Durch die veränderten sozialen und wirtschaftlichen Verhältnisse wandelte sich auch die Lebensweise auf dem Land. Die Nahrung wurde nicht mehr ausschließlich in der eigenen Wirtschaft produziert, die Bauweise nahm städtischen Charakter an, auch die Kleidung orientierte sich mehr und mehr an städtischem Vorbild. Überkommene Sitten und Bräuche verloren somit an Bedeutung.

Nach einer Einführung in das Dorfleben vor der Jahrhundertwende beschreibt das Buch liebgewonnene und bekannte, sowie fast vergessene Bräuche, die einst die großen und kleinen Jahresfeste begleiteten.

Alte Bräuche, dort wo sie erhaltenswert sind, zu pflegen, macht das Leben reicher. Sie sind Mittler zwischen gestern und heute. Bräuche, die die Jahresfeste begleiten, helfen, den tiefen Sinn dieser Feste zu erschließen und sie zu gestalten. Ihre regelmäßige Wiederkehr gibt dem Leben Rhythmus und Maß.

Johanna Woll
Margret Merzenich
Theo Götz

Inhaltsverzeichnis

Alle zwei bis drei Wochen war Backtag im Bauernhaus. Da Brot ein Hauptnahrungsmittel war, wurde viel davon gebraucht.

Dörfliches Leben

Auf dem Land waren Feste die Marksteine im arbeitsreichen Alltag. Sie gliederten den gleichmäßig fließenden Jahreslauf in überschaubare Zeiträume. Von Lichtmeß bis Dreikönig zogen sie sich durch das Jahr und boten Labsal für Leib und Seele. Weil Feste selten waren, wurden sie stark erlebt und gefeiert. Dörfliche Feste wie die Kirchweih waren Feste für alle; niemand blieb ausgeschlossen. Sie stärkten das Gemeinschafts- und Zusammengehörigkeitsgefühl, ohne Unterschied der Standeszugehörigkeit.

Viele kirchliche Feste haben ihren Ursprung in germanischen Götterfesten, deren Termine nach Einführung des Christentums bestehen blieben, weil das Volk an den alten Bräuchen festhielt. Die Kirche bemühte sich, diesen Festen einen christlichen Sinn zu geben. Papst Gregor (590–604) forderte zum Fortschritt der Christianisierung, „daß man die Feste der Heiden allmählich in christliche verwandeln und in manchen Stücken nachahmen muß".

Jahrhundertelang wachten geistliche und weltliche Obrigkeit sorgsam darüber, wie oft und auf welche Weise das Volk seine Feste feierte. Regierung und Kirche fürchteten Müßiggang und Ausschweifung. So waren noch im 19. Jahrhundert in Württemberg Verordnungen in Kraft, die genau besagten, mit welchem Aufwand Taufen und Hochzeiten gefeiert oder wie oft dörfliche Feste abgehalten werden durften. Sonntage und Feiertage sollten der frommen Andacht gewidmet sein. Tänze und „öffentliche Lustbarkeiten" durften nur an Tagen stattfinden, die die Obrigkeit bestimmte.

Auch die Feierabendgestaltung wie Spinnstube sowie Wirtshausbesuch wurde durch Verordnungen geregelt. Pfarrer, Hausväter und Hausmütter waren streng angehalten, das Spinnstubentreiben zu kontrollieren. Damit sich ja keine Liebesbeziehungen anbahnen konnten, sollten die jungen Burschen ausgeschlossen werden. Weil jedoch alles nichts nützte, wurden 1806 in Württemberg „... die Zusammenkünfte des ledigen Gesindes in Spinnstuben verboten". Doch wie alle Verordnungen wurde auch diese nur allzu oft umgangen und die Burschen rückten, wenn sie gegen 9 oder 10 Uhr dazukommen durften, im Lauf des Abends näher an die Mädchen heran, um ihnen die Zusage, sie nach Hause begleiten zu dürfen, abzugewinnen.

Die Dorfgemeinschaft

Um den harten Alltag zu bewältigen und das enge Zusammenleben zu ertragen, war es notwendig, sich in das soziale Gefüge des Dorfes einzuordnen. Althergebrachte Ordnungen bestimmten das Leben. Sie vermittelten Geborgenheit und boten dem einzelnen Rückhalt und Sicherheit, was in einer Zeit ohne gesetzliche Krankenversicherung und Altersversorgung lebenswichtig war. Heute muten uns viele dieser Gesetze hart und unerbittlich an. Aber noch härter waren die Folgen für den, der sie übertrat:

ihm drohte der Ausschluß aus der Familien- oder Dorfgemeinschaft.

Großbauern, Kleinbauern, Seldner, Dorfhandwerker, Gesinde, Taglöhner und Dorfarme waren die Bewohner des Dorfes. Sie alle waren schicksalhaft in die Dorfgemeinschaft eingebunden. Keiner lebte für sich allein. Alle Lebensschicksale, alle Ereignisse wurden von der Gemeinschaft miterlebt und mitgetragen.

Die Gemeindeversammlung wurde von der Dorfbevölkerung gewählt, wobei Ansehen und Besitz des einzelnen sicher für die Wahl entscheidend waren. Zusammen mit ihrem Vorsteher bildete die Gemeindeversammlung das wichtigste Organ der dörflichen Selbstverwaltung. Von ihr wurden Rechte und Pflichten festgelegt; sie vergab Gemeindeämter wie Flurschütz, Forstwart, Hirte, Büttel, Totengräber.

Viele Aufgaben konnten nur gemeinsam gelöst werden. So waren Wege anzulegen, Zäune zu errichten, Brunnen zu bauen, Gemeinschaftsgebäude wie Brechdarre, Schafscheune, Dorfkelter und Armenhaus zu erstellen und zu erhalten. Störungen des dörflichen Friedens durch Streitigkeiten, Verstöße gegen das Besitzrecht, Beleidigung oder Körperverletzung wurden durch das Ruggericht geahndet. Seine Aufgabe war es, den inneren und äußeren Frieden im Dorf wiederherzustellen. Denn wie in jeder menschlichen Gemeinschaft kamen auch hier Verstöße gegen Gerechtigkeit und soziales Denken vor. Das Dorf als harmonische Idylle, wie es uns in vielen romantischen Beschreibungen und Bildern begegnet, gab es sicher nie. Dieses Bild ist eher auf das Wunschdenken von Stadtbewohnern und ihre Sehnsucht nach dem einfachen Leben zurückzuführen und entstand mit Beginn der Industrialisierung.

Das Leben in der dörflichen Gemeinschaft, in der man aufeinander angewiesen war, ließ ein starkes Ge-

Alle Männer im Dorf mußten zupacken, wenn gemeinsame Aufgaben wie der Bau eines Brunnens zu bewältigen waren.

fühl der Zusammengehörigkeit und Sicherheit entstehen. Nachbarschaftliche Hilfe im Krankheitsfall, beim Hausbau oder in der Erntezeit war üblich. Wo sie je nicht zustandekam, sorgte die Gemeindeversammlung für ihre Regelung.

Neben der praktischen Hilfsgemeinschaft und der Anteilnahme an allem, was im Dorf geschah, gab es die religiöse Gemeinschaft. So war es noch im vorigen Jahrhundert, insbesondere in katholischen Gemeinden Brauch, beim Läuten der Abendglokken dort, wo man sich gerade befand, allein oder gemeinsam zu beten. Selbst die Gasthausbesucher standen beim Läuten der Glocken auf und verrichteten ein gemeinsames Gebet. Lag ein Schwerkranker darnieder, so beteten der Pfarrer und seine Gemeinde im sonntäglichen Gottesdienst für seine Genesung, ebenso die Schulkinder vor dem Unterricht.

Im Gegensatz zu heute bestand ein starkes Bedürfnis nach Leben in der Gemeinschaft. Das Gespräch wurde gesucht. Gelegenheit dazu boten viele Begegnungen: beim Kirchgang, am Dorfbrunnen und Backhaus, beim Dorfhandwerker, auf der Feierabendbank vor dem Haus, beim sonntäglichen Wirtshausbesuch oder unter der Linde am Dorfplatz.

Auch heute kann man bei den Menschen im Dorf beobachten, daß sie sich bei einer Begegnung mehr als den üblichen Gruß sagen. Da heißt es vielleicht: „So, auch unterwegs?“, „Schaff nicht so viel!“ oder „Vergiß das Heimgehen nicht!“ Solche Worte sind keine leeren Floskeln, sondern Zeichen für das Gemeinschaftsgefühl, das die Menschen miteinander verbindet. Oft sind sie der Auftakt für einen kleinen Plausch, und es ist wichtig, daß diese kleinen Gesten der Zuwendung gepflegt werden.

Dorfbewohner

Bis in unser Jahrhundert hinein waren die Ortschaften auf dem Land vorwiegend bäuerlich geprägt. Neben den Großbauern mit ihrem Gesinde waren Kleinbauern, Seldner und Taglöhner am stärksten vertreten. Seldner waren Kleinstbauern mit etwas Land und Vieh, das aber nicht zum Lebensunterhalt ausreichte. Sie arbeiteten auf den größeren Höfen mit oder waren Handwerker; die Frauen trugen oft zum Erwerb bei. Zudem lebte im Dorf stets eine ganze Reihe von Handwerkern wie Schmied, Wagner, Schreiner, Zimmermann, Hafner, Küfer, Seiler, Müller, Steinhauer, Maurer, Weber, Schneider, Schuhmacher und andere. Fast alle betrieben nebenbei eine kleine Landwirtschaft, weil sie sich von ihrem Handwerk allein selten ernähren konnten. Viele von ihnen hatten keine eigene Werkstatt, sondern kamen mit ihrem Werkzeug ins Haus ihrer Auftraggeber: sie gingen „auf die Stör“. In einem süddeutschen Dorf gab es beispielsweise um 1837 bei 500 Einwohnern 35 Handwerker.

Die Dienstboten bildeten eine große Gruppe der Dorfbewohner. Oftmals waren sie Einheimische, die im Alter von 13 oder 14 Jahren auf einen größeren Hof in Stellung gingen,

Wenn ein neues Haus aufgerichtet wurde, kam das ganze Dorf zusammen, schaute zu und half auch mit.

oder sie kamen aus der näheren Umgebung.

Weitere Bewohner waren die Dorfarmen. Sie mußten sich als Landarbeiter da und dort verdingen, um das Nötigste zum Leben zu haben. Es war die Aufgabe der Dorfgesellschaft, den ansässigen Armen eine Unterkunft zu bieten. Fast jede Gemeinde hatte daher ein eigenes Armenhaus.

Nachbarschaft

Zu allen Zeiten achteten die Landbewohner auf gute Nachbarschaft. Man wußte: „Guter Nachbar ist ein edel Kleinod." Wollte man einen guten Nachbarn haben, mußte man selbst ein solcher sein. Im Idealfall war der Nachbar wie ein guter Freund, dem man vertrauen und auch etwas anvertrauen durfte. In Notzeiten konnten regelrechte nachbarschaftliche Arbeitsgemeinschaften entstehen, die bei Krankheits- oder Todesfällen einsprangen, wo es nötig war.

Oft genug gab es aber auch verfeindete Nachbarn. Unklare Grenzverhältnisse oder auch Liebesangelegenheiten konnten der Grund dafür sein. In schlimmen Fällen hielt sich so eine Feindschaft über Generationen, und oft wußten die Jungen gar nicht mehr, weshalb sich die Alten zerstritten hatten.

Verwandtschaft

Zur Verwandtschaft bestanden enge Bindungen. Ein alter Name für die weitere Verwandtschaft ist Freundschaft. „Das geht in die Freundschaft" sagte man von Verwandten entfernteren Grades. Der Name drückt etwas davon aus, wie man zueinander stand. Auch ohne besonderen Anlaß besuchte man sich rege. „Herr Vetter" und „Frau Base" waren die üblichen Anredeformen für männliche und weibliche Verwandte, gleich welchen Grades. Und wenn sie sich am Sonntag besuchten, wurden sie gastfreundlich in die Stube geführt und bewirtet. Wurde auf einem Hof geschlachtet, so kam die Verwandtschaft zur „Metzelsupp'" zusammen und bekam auch Fleisch und Wurst mit nach Hause. Auch die Verwandten aus der Stadt fanden sich gern dazu ein. Wenn es sich ergab, blieb ein kleiner Vetter aus der Stadt dann in den Schulferien bei Tante und Onkel auf dem Land, oder das Bauernkind durfte mit in die Stadt fahren und dort ein paar Tage bei den Verwandten verbringen. Wollte ein Mädchen vom Land in die Stadt „in Stellung" gehen, so vermittelten nicht selten die städtischen Verwandten die Arbeit.

Die Hausgemeinschaft

Großeltern, Eltern, Kinder, Verwandte und Dienstboten bildeten die Hausgemeinschaft. Sie lebten und arbeiteten als eine Großfamilie und Wirtschaftsgemeinschaft unter einem Dach und konnten gut eine Zahl von 15 und mehr Personen erreichen. Der Bauer war das Oberhaupt dieser Gemeinschaft. Er vertrat sie nach außen, regelte ihre Geschäfte und bestimmte, was zu tun war.

Das Reich der Frau war die Verwaltung des Hauswesens. Dies traf vor allem auf die großen Höfe zu, wo sich die Bäuerin ganz Haushalt und Kindern widmen konnte, weil ihr eine oder mehrere Mägde zur Hand gingen. Die einfache Bäuerin oder Taglöhnersfrau hatte meist allein die Haus-, Feld- und Stallarbeit zu bewältigen und war oft bis an die Grenze ihrer Leistungsfähigkeit belastet. Kinder, bei reich oder arm, mußten schon

Nach vollbrachter Heuernte stellt sich die Hausgemeinschaft zu einem Foto auf. Bilder, die bäuerliche Tätigkeiten zeigen, sind nicht häufig. Dieses stammt aus dem Jahr 1924.

frühzeitig mitarbeiten. Ihre Arbeitskraft war fest in die Abläufe in Haus, Hof und Feld eingebunden.

Eine alte Bezeichnung für Dienstboten im Bauernhaus ist Ehehalten. Sie drückt aus, daß diese vertragsgemäß die dienenden Hausgenossen eines anderen sind. Dienstboten standen unter dem Schutz des Familienlebens, das sie auch am Feierabend und an freien Tagen mit ihrer Dienstherrschaft teilten. Bei der Arbeit gab es keinen Unterschied zwischen Sohn und Knecht, Tochter und Magd. Alle mußten fest mit anpacken. Kinder hatten den Anordnungen der Dienstboten zu gehorchen. Für sie hing viel von ihrem Verhältnis zu den Dienstboten ab: verstanden sie sich gut, so bedeutete das manche Erleichterung für die Kinder. Im anderen Fall waren sie oft der Schikane von Knecht oder Magd ausgesetzt.

Treu und fleißig war das Gesinde dort, wo es eine gute Herrschaft fand. Da blieb mancher Dienstbote viele Jahre. Ein guter Bauer gab einem treuen Knecht auch noch im Alter und bei Krankheit einen Platz im Hause und versorgte ihn wie einen Angehörigen.

Die Einheirat eines Knechtes oder einer Magd auf einen Hof bedeutete einen großen Sprung auf der sozialen Leiter.

Man erkennt das Wetter
am Wind,
den Bauern am Rind,
den Vater am Kind,
den Herrn am Gesind.

Der Hof

Grundbesitz war Familiengut. Es wurde darauf geachtet, daß der Hof dem Familienstamm erhalten blieb. Das Anerbenrecht, das den Hof vor Zerstückelung bewahrte, setzte, je nach Landschaft, den ältesten oder den jüngsten Sohn zum Hoferben ein. Die anderen Geschwister hatten oft das Nachsehen. Meist blieben sie als Arbeitskraft, oft als Großknecht oder -magd, beim Bruder auf dem Hof, den als Ganzes zu erhalten ihnen wichtig war: „Hof geht vor Kind." Der Hof war etwas Bleibendes, das alle Nachkommen in die Pflicht nahm.

Dort, wo das Anerbenrecht nicht üblich war, wurde das Familiengut an die Geschwister aufgeteilt (Realteilung). Der Hofnachfolger hatte es schwer: „Viele Brüder machen schmale Güter."

Nach alter Sitte hatte jeder Hof seine Hausmarke, sein gemaltes Zeichen. Dies konnte eine einfache Figur sein oder auch verschlungene Linien. Alles, was zum Hof gehörte, vom Wagen bis zu den Arbeitsgeräten, war mit diesem Symbol gekennzeichnet.

Hof- oder Hausnamen sind meist älter als die Familiennamen und wurden früher häufiger als diese verwendet. Auch heute kennen die bäuerlichen Familien in vielen Gegenden die alten Hausnamen in ihrem Dorf und benützen sie.

Das Wohnhaus

Über viele Generationen, noch bis zum Ausgang des 19. Jahrhunderts, wurden die Häuser im landschaftstypischen Stil, vor allem aber nach altbewährtem Plan, gebaut. Die Baumaterialien Holz, Steine, Lehm und Sand kamen meist vom eigenen Grund. Dem Bauherrn und seinen Hausgenossen, die die Hauptarbeit leisteten, halfen örtliche Handwerker und Dorfbewohner bei der Erstellung des Gebäudes.

Wer vermögend war, konnte größer und schöner bauen, konnte sein Haus mit mehr Schmuck und Zierrat versehen. Vornehmlich an den Eckpfosten des Hauses konnten Formensprache und Phantasie von Bauherr und Handwerker zum Ausdruck kommen, indem neben schmückenden Symbolen, den Initialen der Erbauer und der Jahreszahl vielgestaltige Abwehrzeichen angebracht wurden. In katholischen Gegenden wurden Häuser gern unter den Schutz eines Heiligen gestellt. Dafür sparte der Handwerker beim Bau des Hauses eine Nische aus, in die die Heiligenfigur gestellt wurde. Diese stand oft in Bezug zum Beruf des Hausbesitzers. Ein Bauer wählte gern den heiligen Leonhard, ein Zimmermann den heiligen Josef. Die Heilige Familie und die Muttergottes waren die beliebtesten Hausheiligen. In vielen Dörfern sind sie noch zu sehen. Haussprüche, in Stein über der Eingangstür gehauen, finden sich heute noch an vielen stattlichen Bauernhäusern.

Gottes Fried' und Segen
wohn' in diesem Haus,
nichts Böses walte drin,
nur Gutes komm' heraus.

Die Küche

In mittelalterlicher Zeit war der Herd der Mittelpunkt des Hauses, um den sich die Hausbewohner versammelten. Nach alter Auffassung ging der Geist des Hauses vom Herd aus und die Seelen der Verstorbenen hielten sich dort auf. Noch lange Zeit wurde die junge Hausfrau nach der Hochzeit dreimal um den Herd geführt; ebenso die neue Magd.

Gegen Ende des 19. Jahrhunderts war die Küche schon mit etlichen praktischen Gerätschaften und vor allem mit dem damals neuzeitlichen Herd mit Abdeckung und Rauchrohrabzug versehen. Die Hausfrau mußte sich nicht mehr im rußgeschwärzten Raum, von Rauchwolken umhüllt, abplagen. Die Arbeit in der Küche war dennoch hart genug. Jeder Eimer Wasser, jedes Scheit Holz mußte in die Küche getragen werden. Das war meist die Aufgabe der Kinder. Zur Kücheneinrichtung gehörten neben Herd und Wasserstein der Tisch mit der Bank, das Schüsselbrett mit dem irdenen Geschirr, Vorratsschrank, Backtrog, eiserne Töpfe und Pfannen.

Alles, was mit der Zubereitung der Nahrung, mit der Vorratshaltung, dem Weiterverarbeiten der Milch, dem Brotbacken, der Reinigung von Wäsche und Haus zu tun hatte, lag in der Hand der Frauen. Hinzu kamen der Garten und die Mithilfe bei Stall- und Feldarbeiten. Hatte da die Hausfrau keine Hilfe und dazu noch eine Anzahl kleiner Kinder zu versorgen, arbeitete sie oft bis zur völligen Erschöpfung.

Die Wohnstube

In späterer Zeit versammelte sich die Hausgemeinschaft im Winter in der Wohnstube. Sie war der größte und außer der Küche der einzige geheizte Raum im Haus. Im großbäuerlichen Haus war der Ofen gußeisern oder gekachelt und meist von der Küche aus zu heizen. Das war weniger feuergefährlich und machte die Stube rauchfrei. Um den Ofen waren an der Dekke Holzstangen angebracht, an denen nasse Kleidungsstücke getrocknet wurden. Wer zu seiner Arbeit Licht brauchte, setzte sich an den Tisch in der Fensterecke. Dieser war ein fester Bestandteil des Hauses und wurde auch beim Auszug in der Stube belassen. Der lederbezogene Großvaterstuhl in der Ofenecke war den Alten vorbehalten. Platz für viele boten die umlaufenden Bänke. Stühle gab es wenige, sie wurden meist nur für Besucher herangerückt. Ansonsten war die Stube sparsam möbliert. Die getünchten Wände waren meist schmucklos. Ein Holzschnitt oder ein Hinterglasbild hing da und dort an der Wand. In der Nähe des Tisches konnte in Kopfhöhe ein Wandbrett für Gebetbuch und Brille sein. In katholischen Familien war in der Fensterecke der Herrgottswinkel angebracht, von Andachts- und Heiligenbildern umgeben. Gardinen an den Fenstern kamen erst nach und nach in Gebrauch; zunehmend, als elektrisches Licht aufkam, das die Räume hell ausleuchtete. Vorher bestand die Beleuchtung aus Kienspänen, aus Talg- und Öllampen sowie aus Kerzen. Petroleumlampen verbreiteten sich gegen Ende des 19. Jahrhunderts und wurden auf dem Land erst spät vom elektrischen Licht abgelöst.

Die Stube diente, vor allem im Winter, als Eß-, Arbeitsraum und Krankenstube. Hier saß man abends beieinander, besserte Gerätschaften aus, spann, nähte und flickte. Niemand blieb untätig. Auch die Kinder hatten zu tun und lauschten dabei gebannt, was die Großen erzählten und sangen. Zur Spinnstube kamen auch Nachbarn und vor allem die Dorfjugend gern. Reihum luden die Familien dazu ein. Wenn dann nach einer Zeit der Arbeit Spinnräder und Schnitzelbock zur Seite gerückt wurden, waren Kinder und ältere Leute schon im Bett. Dann wurde zur Harmonika getanzt, gescherzt und wurden Geschichten erzählt. Weil es nicht immer nur sittsam zuging, waren den Dorfpfarrern die winterlichen Spinnstubenabende ein Dorn im Auge. Doch aufs Ganze gesehen waren Spinnstuben eine gemütliche Begegnungsstätte von nachbarschaftlichem Dorfleben, wo der Austausch von Neuigkeiten und Lebenserfahrungen wie die Überlieferung von Erzählungen, Sagen und Liedern gepflegt wurden.

Schlafkammern

Nicht jedem Hausbewohner stand ein eigenes Bett zur Verfügung. Kinder schliefen meist zu mehreren in einem Bett, Kleinkinder wurden bei den Eltern oder einer Tante untergebracht. Selbst Mägde hatten oft kein

Noch im hohen Alter halfen die Frauen mit, Wolle und Flachs zu verspinnen, die in einem ländlichen Haushalt gebraucht wurden.

Bett für sich allein, sondern schliefen zu zweit. Knechte und die heranwachsenden Buben hatten ihre Schlafstätten unterm Dach oder nahe dem Stall. Am härtesten traf es diejenigen, die ihren Schlafplatz auf dem Dachboden unter den blanken Ziegeln aufsuchen mußten. Auf einem größeren Anwesen war die Schlafkammer der Hofbesitzer, die meist über der Haustür lag, mit den Aussteuermöbeln der Bäuerin ausgestattet. Dazu gehörte außer der Doppelbettlade mit dem Himmel auch die Wiege oder das Kinderbettchen, sowie Schränke und Truhen, die den Wäscheschatz der Bäuerin bargen. Aus Eichen- oder Tannenholz fertigte der Dorfschreiner die Möbel ganz nach Wunsch des Auftraggebers an. Um 1900 fanden auf dem Land die ersten industriell gefertigten Möbel Eingang.

Der Altenteil

Der Altbauer und seine Frau lebten im Altenteil. Ihnen stand nach der Hofübergabe das Wohnrecht in eigenen Räumen des Bauernhauses zu.

Auf dem Weinbauernhof halfen bei der Weinlese alle zusammen. Die Frauen schnitten die Trauben, das Buttentragen war Sache der Männer.

Besser gestellte Bauern verfügten vielfach über ein separates, eigens dafür vorgesehenes kleines Haus auf dem Hofgelände, in das die jeweiligen Altenteiler zogen und sich, soweit es ihnen möglich war, noch in Haus und Hof nützlich machten. Der Begriff Altenteil umfaßt neben dem lebenslänglichen Wohnrecht die gesamte Altersversorgung mit Lebensmitteln, Brennholz und anderen Gütern. Diese wurde bis ins Detail vertraglich festgehalten.

Die Nahrung

Die bäuerliche Familie war auf Selbstversorgung angewiesen. Auch Handwerker und Seldner besaßen ein Stück Land, das sie für den Eigenbedarf bebauten. Wer es irgend konnte, hielt sich ein Stück Vieh, ein Schwein oder wenigstens Ziegen. Selbst der Pfarrer verfügte oft über ein zur Pfarrei gehörendes „Pfarrgütle", das er mit Hilfe der Bauern bewirtschaftete.

Selbstverständlich war im bäuerlichen Haushalt das Nahrungsangebot reichhaltiger, dennoch war selbst im großbäuerlichen Haus die Alltagskost einfach und wenig aufwendig in der Herstellung.

Grundnahrungsmittel bildeten die Getreideprodukte. Das daraus gebakkene Brot war der wichtigste Bestandteil der Nahrung. Breie und Suppen aus Dinkel, Hafer, Gerste, Roggen und Hirse sowie Milchsuppen gehörten zur alltäglichen Kost am Morgen und am Abend. Fleisch kam in der Regel nur am Sonntag auf den Tisch, dafür an Festen in seiner ganzen Fülle. Den geräuchten Speck gönnte man sich als kräftiges Vesper oder als Krauteinlage zum Hauptgericht. Das Gemüse, in erster Linie die verschiedenen Krautarten und Rüben, kam aus dem Hausgarten. Kartoffeln gehörten zu den Hauptnahrungsmitteln. Butter wurde weniger zum Eigenverbrauch als zum Verkauf hergestellt; ihr Erlös wie auch der Verkaufserlös aus Milch und Eiern gingen in die Haushaltskasse der Bäuerin.

Der Haustrunk des Bauern war der Most, der im Herbst aus gepreßten Äpfeln und Birnen im Keller zum Vergären eingelagert wurde. Wein als Hausgetränk gab es bei den Weinbauern. Gegen den Durst in der Sommerhitze half ein Schluck Wasser. Bier trank der Bauer am Sonntag im Wirtshaus. Gegen Ende des 19. Jahrhunderts kam das Kaffeetrinken auf, das schließlich die Morgensuppe verdrängte.

Brot

Brotbacken ist die älteste Methode, ein Lebensmittel zu verarbeiten. Einst galt Brot fast als heilig. Kein Brotlaib wurde angeschnitten, ohne ihn mit dem Kreuzzeichen zu versehen.

Man hütete sich, Brosamen auf den Boden fallen zu lassen, und als Sünde galt es, heruntergefallenes Brot nicht aufzuheben. Kein Stückchen durfte verderben. Brot, das man mit in die Fremde nahm, schützte vor Heimweh. Wem Brot angeboten wurde, der

durfte es nicht ausschlagen. Mit Brot und Salz wird das Brautpaar im neuen Heim empfangen.

Früher aß man Brot trocken zu den Mahlzeiten. Auf dem Land bürgerte es sich erst spät ein, Brot mit Butter zu bestreichen und noch dazu mit Wurst oder Käse zu belegen. Da meist nur alle zwei bis drei Wochen Backtag war und das Brot im Keller aufbewahrt wurde, kam oft genug ausgetrocknetes oder auch angeschimmeltes Brot auf den Tisch. Wie bei allen Vorräten kam es auch beim Brot darauf an, es sicher vor Mäusen und anderen „Schmarotzern" zu lagern. Man bewahrte es deshalb im Keller auf hängenden Gestellen auf.

Vorratshaltung

Eine wichtige Aufgabe der Bauernfamilie war die Vorratswirtschaft. Getreide und getrocknete Hülsenfrüchte lagerten auf den Schüttböden unter dem Dach; ebenso, mäusesicher in speziellen Mehltruhen, das vom Müller gemahlene Mehl. Kartoffeln, Äpfel, Kraut und Rüben wurden im Keller aufbewahrt. Weißkraut verarbeiteten die Frauen zu Sauerkraut, indem sie es mit Salz in große Tongefäße einlegten. Sauerkraut kam im Winter oft auf den Tisch.

Nach dem Schlachten wurde das frische Fleisch durch Räuchern oder Pökeln haltbar gemacht. Zum Pökeln wurde das Fleisch im Wechsel mit Salz in ein Gefäß aus Eichenholz geschichtet, das dicht geschlossen wurde. Sollte es nicht verderben, war ein guter Keller nötig. Von Zeit zu Zeit mußte die Salzlake abgewaschen und erneuert werden. Frischwurst (Blut- und Leberwurst) gab es nur nach dem Schlachten. Deshalb freute man sich besonders, wenn der Bauer vom Markttag aus der Stadt auch einmal „Metzgerswurst" mitbrachte.

Durch Dörren von Äpfeln, Birnen und Zwetschgen schaffte sich die Hausfrau einen Wintervorrat an. Ap-

Fast vergessen ist die Arbeit am „Wergltrog“. Der umlaufende Stein zerquetscht die in den Trog geschütteten Früchte. So wurden beispielsweise Äpfel zu Saft gepreßt.

felringe wurden über dem Herd auf Fäden aufgereiht getrocknet, Birnen und Zwetschgen schob die Bäuerin am Ende des Backtags in den Backofen, wenn die Hitze nur noch schwach war. Dörrobst brauchte man für Kompotte und für Hutzelbrot; auch bei den Kindern war es als Lekkerei stets begehrt. Aufbewahrt wurde es auf dem Dachboden in hängenden Stoffsäcken oder luftdurchlässigen Truhen.

Zu den Vorräten zählten auch Kräutertees und Heilmittel, die die Hausfrau als Medizin bereithielt. Sie wurden im Garten gezogen oder als Wildkräuter gesammelt und durch Trocknen haltbar gemacht.

Essensgewohnheiten und Mahlzeiten

Die ganze Hausgemeinschaft aß an einem Tisch; selten gab es eine Trennung zwischen Herrschaft und Bediensteten. Geschöpft wurde in einer bestimmten Rangfolge: nach dem Gebet, meist vom Bauer gesprochen, nahm dieser sich zuerst. Dann folgte die Bäuerin oder in manchen Gegenden auch der Großknecht. Nach der Großmagd und den übrigen Dienstboten kamen die Kinder an die Reihe. Noch lange Zeit, teilweise bis in unser Jahrhundert hinein, aß die ganze Tischgemeinschaft aus einer Schüssel oder Pfanne, die in die Mitte des Tisches gestellt wurde und in die jeder mit seinem Löffel hineinfuhr. Wenn der Bauer „den Löffel wischte“, bedeutete dies vielfach für alle das Ende der Mahlzeit, und die Löffel kamen abgewischt in die Tischschublade. Mit dem Trinken wurde oftmals so verfahren, daß der Bauer das Glas einschenkte, trank und es dann weiterreichte.

Im Sommer gab es fünf, im Winter vier Mahlzeiten. Freitags gab es in vielen Häusern Mehlspeisen mit gekochtem Dörrobst. Breie und Suppen wurden gern durch Schmälzen aufgewertet. Sonntags, wenn die Frauen mehr Zeit auf die Essenszubereitung verwenden konnten, war das Essen reichhaltiger und enthielt Fleisch. An Festtagen war der Speiseplan in wohlhabenden Haushalten äußerst umfangreich. Alles, was Küche und Keller boten, wurde aufgetischt. Eine reichhaltige Suppe, mehrere Fleischgänge mit Beilagen und dazu Bier oder Wein erfreuten die Festgesellschaft. Zu Anlässen wie Hochzeit oder Kirchweih gab es zur Freude aller reichlich Kuchen, der das Jahr über fast nie gebacken wurde. Das beliebte Schmalzgebäck durfte bei keinem Fest fehlen.

Alltag – Werktag

Einfachheit und Genügsamkeit bestimmten den Alltag. Nahrung, Wohnung und Kleidung waren auch bei begüterten Bauern schlicht. Das Leben war von einer gewissen Gleichförmigkeit. Am meisten Kraft im arbeitsreichen Jahr forderte die Heu- und Getreideernte. Lebensunterhalt und Existenz wurden durch sie gesichert. Dabei war die Abhängigkeit vom Wetter besonders groß. Oft muß-

te in größter Eile das Korn geschnitten, in Garben gebunden, zum Trocknen aufgestellt und eingeführt werden. Es waren harte Wochen, bis der letzte Wagen geschmückt in den Hof einfuhr. Um so freudiger wurde der Ernteabschluß mit Gesang und Tanz gefeiert.

Abends wurde im Sommer das Licht zu verlängerter Tagesarbeit genutzt. Im Winter mußte die Arbeit außerhalb des Hauses mit Einbruch der Dunkelheit beendet werden.

Eine Hilfe bei der Einteilung des Werktages waren die Kirchenglocken. Am Morgen um 5 oder 6 Uhr weckten sie das Dorf, und um 6 oder 7 Uhr abends läuteten sie den Feierabend ein. Wenn am Vormittag das Elfeläuten ertönte, wußten die Frauen, die auf dem Feld arbeiteten, daß es nun an der Zeit war, zum Kochen heimzugehen. Das Zwölfeläuten rief alle zum Essen herbei. Samstagnachmittags um 4 Uhr läutete der Mesner den Sonntag ein. Glocken verkündeten, wenn jemand gestorben war. Sie meldeten einen Brand und riefen die Helfer zusammen. Und so wie sie den Alltag begleiteten, waren sie auch am Sonn- und Festtag gegenwärtig.

Frauenalltag

Die meist vielköpfige Hausgemeinschaft mußte mit Nahrung, Kleidung und Wäsche versorgt werden, dazu kamen Stall- und Feldarbeit, die Vorratshaltung und die Bestellung des Gartens. Häufige Schwangerschaften, Geburten und das Versorgen der Kinder verlangten den Frauen zudem Kräfte ab. Je größer der Hof war, desto mehr konnte sich die Bäuerin zwar Hauswesen und Kindern widmen, da ihr Mägde zur Hand gingen. Ihr Arbeitstag war aber dennoch übervoll. Für die Handwerkerfrauen kam die räumliche Enge dazu, denn oft war die Wohnstube gleichzeitig Werkstatt. Da die Dorfhandwerker alle eine kleine Landwirtschaft betrieben, hatte auch hier die Frau viel zu tun. Die Taglöhnerfrauen hatten wohl das härteste Los. Durch Mithilfe auf den größeren Höfen und durch Lohnarbeiten versuchten sie ein kleines Zubrot zu verdienen.

Frauen waren meist morgens die ersten und abends die letzten im Haus. Am Abend nahmen sie sich die Hausarbeiten wie Nähen und Flicken vor, zu denen sie tagsüber nicht kamen. Im Winter bis tief in die Nacht hinein – sofern sie eine Lichtquelle überhaupt hatten – saßen oft die Taglöhnerfrauen am Spinnrad und verspannen gegen Entgelt Wolle und Flachs.

Arbeitstermine und Arbeitsbräuche

Bestimmte Arbeiten hatten ihre festen Termine, die zugleich als Gedächtnisstütze dienten. Der Beginn von Saat und Ernte richtete sich nach uralten Erfahrungen; Anfang und Ende der Herbst- und Winterarbeiten wurden durch überkommene Ordnungen geregelt.

Benedikt (21. März) macht Zwiebeln dick.

An Georgi (27. April) wurden die Kartoffeln gesteckt.

Mitte Mai ist der Winter vorbei; deshalb säte der Bauer am Sophientag (15. Mai) Flachs und Hanf.

An Johanni (24. Juni) begann die Heuernte; an Jakobi (25. Juli) die Getreideernte.

An Martini (11. November) sollten alle Feldarbeiten beendet sein.

Bei der Feldbestellung wurde auf die Mondstellung geachtet. Halmfrüchte, Kraut und Mohn wurden bei zunehmendem, Knollen- und Rübenpflanzen bei abnehmendem Mond gesät. Die Abhängigkeit vom Wetter bewog den Bauern seit Urzeiten zur Beobachtung der Natur. Die gemachten Erfahrungen mündeten in unzählige Wettersprüche und -regeln.

Wenn der Nebel fällt zur Erden,
wird bald gutes Wetter werden;
steigt der Nebel nach dem Dach,
folgt bald großer Regen nach.

Für nahezu alle Arbeiten des bäuerlichen Jahreslaufes finden sich Bräuche, die das Tun begleiten. So soll man nach dem Eggen drei Vaterunser beten und beim Pflügen nicht fluchen. Vor Bestellung des Ackers sagt der Bauer: „Das walte Gott." Bei der Apfelernte läßt man den letzten Apfel hängen, damit der Baum im nächsten Jahr wieder trägt. Betritt ein Fremder den Stall, so grüßt er mit: „Glück im Stall!" Hat der Bauer Glück im Stall, so beschenkt er aus Dankbarkeit eine arme Frau mit Milch und Brot. An Johanni soll die Frau nicht flicken, sonst gehen ihr die Gewitter nach. An Feiertagen darf man nicht kehren, sonst kehrt man die guten Geister mit hinaus, am Backtag nicht in den Garten gehen, sonst wächst alles ins Kraut. Nach Lichtmeß sollen die Frauen die Spinnräder ganz oben unters Dach stellen, dann wächst der Flachs recht hoch.

Die Brauchhandlungen sollten Unheil abwenden, gute Ernteerträge erzielen oder hatten erzieherische Absichten. Manche muten magisch an, haben aber oft ganz reale Hintergründe. Diese sind erkennbar, wenn davor gewarnt wird, am Backtag in den Garten zu gehen: die Frauen sollen nicht zwei Arbeiten gleichzeitig tun. Ebenso das Fegen an Feiertagen: nicht am, sondern vor dem Festtag soll geputzt werden. Die Spinnräder auf dem obersten Speicher nach Lichtmeß verhindern, daß sich die Frauen mit Spinnen abgeben, wenn die Frühjahrsarbeit wartet.

Sonntag – Festtag

„Die Wochentage kommen mir vor wie rauchgeschwärzte Kammern, der Sonntag ist das helle Fensterlein, durch das man hinausgucken kann in die Ewigkeit", schrieb Peter Rosegger. Da es Urlaub und eine geregelte Freizeit nicht gab, blieben nur die Sonn- und Feiertage für Erholung, Unterhaltung und Müßiggang. Weil die Freizeit knapp bemessen war, verstanden die Menschen, sie zu nutzen.

Nach der nötigen Stall- und Hausarbeit schlüpfte man am Sonntag in frische Wäsche, zog das Sonntagsgewand über und rüstete sich für den Kirchgang. Höchstens zu Erntezeiten, wenn die Witterung es nötig machte, wurde auch am Sonntag gearbeitet. Der sonntägliche Kirchgang war selbstverständlich. In der Kirche hatte man seinen angestammten Sitzplatz, dort konnte man Dank sagen und Zuflucht suchen, wenn Not und Drangsal das Leben schwer machten. Der sonntägliche Gottesdienstbesuch entsprang sicher nicht immer einem inneren Bedürfnis. Daß der Feiertag geheiligt und der Gottesdienst besucht wurde, dafür sorgten seit Jahrhunderten geistliche und weltliche Obrigkeit. Auch die Nachbarn und anderen Dorfbewohner wachten darüber, ob man zur Kirche ging. Zudem bot der Kirchgang die Möglichkeit, Neuigkeiten auszutauschen und sich in seinem besten Staat zu zeigen. Die Kleidung war äußeres Zeichen für das, was man besaß.

Auch von den abseits gelegenen Gehöften kamen die Menschen am Sonntag in der Kirche zusammen. Die einen fuhren mit Pferd und Kutsche vor, die anderen gingen zu Fuß. Gerade die außerhalb des Ortes oft in abgelegener Stille wohnenden Menschen hatten das Bedürfnis, am Sonntag „unter die Leute zu kommen".

So wie Männer und Frauen, Burschen, Mädchen und Kinder in strenger Ordnung ihren Platz in der Kirche hatten, so gruppierten sie sich nach dem Gottesdienst auf dem Platz vor der Kirche zu Gespräch und Begegnung.

Den Sonntagnachmittag nutzten viele Landleute zum Besuch bei Verwandten. Ohne großes Aufheben schaute man beim „Bäsle" oder beim „Vetter" herein, wurde bewirtet und erwartete an einem anderen Sonntag deren Besuch. Im Sommer gingen die Männer gern zu ihren Feldern hinaus, um zu schauen, wie die Frucht stand. Der Gasthausbesuch am Nachmittag gehörte für viele Bauern und Knechte zum Sonntag. Hier kamen sie ins Gespräch und erfuhren Neuigkeiten. Es wurde auch gesungen und erzählt, bis sie am Spätnachmittag zur Stallarbeit

In sonntäglicher Kleidung ging man zum Fotografen, um sich zu einem Erinnerungsbild aufzustellen.

heimgehen mußten. Während wenig davon überliefert ist, wie die Frauen den Sonntagnachmittag verbrachten, wissen wir von der dörflichen Jugend, daß sie sich in der warmen Jahreszeit gern im Freien zu Spaziergängen oder auf dem Dorfplatz zur fröhlichen Unterhaltung traf. Die Kinder hatten endlich Gelegenheit, ihrem Spieldrang nachzukommen. Die Alten schließlich setzten sich gern auf die Bank vor dem Haus und genossen die Sonntagsruhe.

Religiöses Leben

Viel stärker als heute waren die Menschen in die Natur eingebunden und ihren Gewalten ausgesetzt. Alles was zum Leben nötig war, kam aus der Natur. Ständig lebte der Bauer in Sorge, durch höhere Gewalt in Not zu geraten. In vorchristlicher Zeit brachte der Bauer bei Bestellung und Ernte Opfergaben, um die Natur und ihre Kräfte versöhnlich zu stimmen. Als Christ lernte er, daß er ohne Gottes Zutun nichts erreichen kann. Deshalb zeigte er sich demütig und dankbar. Am Morgen begann er sein Tagwerk mit der Bitte um Segen und vollendete es am Abend mit dem Dankgebet.

Mit bangen Ängsten blickte der Bauer herannahenden Gewittern entgegen. Das Wohlergehen für sich und die Seinen stand auf dem Spiel – ein einziges Unwetter konnte die ganze Ernte vernichten und Hunger und Not bringen. So betete er um Hilfe von oben; desgleichen wenn Hagelschlag oder Dürre die Ernte zu vernichten drohten, wenn durch Krankheit und Seuche seine Tiere in Gefahr kamen.

In katholischen Gegenden wurde an vielen Tagen des Jahres in Prozessionen und Feldumgängen Gottes Hilfe angerufen. Feldkreuze, die auch Wetterkreuze heißen, und Bildstöcke auf freier Flur sind äußere Zeichen für Bitte und Dank. Um gute Ernte bittet man noch heute in ländlichen Gemeinden in den Sommermonaten am Schluß des sonntäglichen Gottesdienstes, in der katholischen Kirche mit dem „Wettersegen". An vielen Orten kannte man das Wetterläuten. Durch Glockengeläut wurden die Menschen auf ein nahendes Gewitter aufmerksam gemacht und zum Gebet gerufen. Dann wurde auch die „Wetterkerze" von der Kerzenweihe an Lichtmeß im Haus angezündet.

Maria auf der Mondsichel. An Bildstöcken und Feldkreuzen verweilten früher die Menschen zum Gebet.

Wenn der Bauer Ähren auf dem Feld stehen und Obst an den Bäumen hängen ließ, so waren dies Zeichen des Dankes und der Demut gegen die himmlische Macht, die alles gedeihen ließ. Indem die Dorfarmen die Ähren und Früchte holen durften, gab er den Dank weiter.

Das Gebet vor und nach den Mahlzeiten, das Morgen- und Abendgebet, dazu am Sonntag Hausandacht und Bibellesung waren üblich, wobei der Hausvater vorbetete und vorlas.

Fasten und Wallfahren

Mit einer Zeit der Enthaltsamkeit, der Buße und inneren Einkehr werden in vielen Religionen große Festtage vorbereitet. Die katholischen Gläubigen pflegen das Fasten vor allem in der vierzigtägigen vorösterlichen Zeit und in der Adventszeit. In alter Zeit begann diese Fastenzeit schon nach Martini, also vierzig Tage vor Weihnachten. Das ganze Jahr hindurch galt das Gebot, am Freitag kein Fleisch zu essen, Almosen zu geben und Buße zu tun.

Wallfahren ist ein alter religiöser Brauch. Ziel der Wallfahrt ist ein Ort, dem besondere Heilswirkung zugesprochen wird und an dem meist eine Kirche erbaut wurde. Es gab reichlich Gelegenheit, in nahe und entfernte Wallfahrtsorte, allein oder in Gruppen, in großen Anliegen und kleinen Herzensnöten, zu pilgern. Tagelange Pilgerfahrten und Prozessionen, oft verbunden mit großen körperlichen Anstrengungen, gingen den Bitten um Fürsprache voraus. Von beharrlichem und inständigen Beten versprachen sich die Wallfahrer Hilfe. Auf Votivtafeln, kunstreich oder schlicht ausgeführt, brachten sie zusätzlich ihre Bitten und ihren Dank vor.

Aberglaube

Noch bis in unser Jahrhundert hinein war der Glaube an Geister und überirdische Wesen in der Bevölkerung lebendig. Man erzählte sich von Erdmännlein, Wald-, Wind- und Korngeistern, Riesen, Druden, Wasserfräulein und vielen anderen.

Und so wie die Menschen im Sturmgeheul und Donnergrollen Wotans Heer (auch Wildes oder Wütiges Heer genannt) vernahmen, so hörten und sahen sie geheimnisvolle Erscheinungen in vielem, was sie umgab. Sie hatten Angst vor Hexen und bösen Geistern, sie fürchteten sich vor Teufel und Dämonen und sahen unendlich viele Gefahren, die in ihrer unmittelbaren Umgebung aus der Natur auf sie zukamen.

Wenn auch die Wurzeln dieses Denkens in vorchristlicher Zeit liegen, so hat der Mensch doch auch zu späteren Zeiten versucht, das Verborgene zu ergründen und die geistige Macht, die er in der Natur erlebte, zu bannen und zu beherrschen. Er fürchtete die Macht des Bösen, die sich für ihn in den Naturgewalten offenbarte. Er versuchte sich gegen all die rätselhaften und beängstigenden Phänomene zu schützen, indem er die vielfältigsten Abwehr- und Schutzzauber anrief. Zu hohen Festtagen wie Ostern und Weihnachten versprach er sich davon besonders starke Wirkung.

Die Kirche konnte noch so stark dagegen ankämpfen – zu allen Zeiten versuchten Menschen, das Unerklärliche auf ihre Weise zu bannen. Selbst heute noch, in unserer alles erforschenden und ganz auf Wissen und Begreifen ausgerichteten Welt, sind wir nicht frei von Aberglauben.

Schlimme Auswirkungen hatte der Aberglaube dort, wo gegen die Vernunft verstoßen wurde, wo Menschen geächtet und verfolgt wurden, weil man sie mit dem Bösen verbunden wähnte, oder wenn Krankheiten mit Zauberei und Hexenglauben geheilt werden sollten. Das letztere kam oft genug vor, denn auch in der Krankheit bei Mensch und Tier meinte man den Zugriff einer übersinnlichen Macht zu spüren. Ihr versuchte man mit ebensolchen übersinnlichen Mitteln zu begegnen. Gegen Krankheit kannte man zwar eine ganze Reihe von Hausmitteln, darunter die vielen Heilkräuter, die jede fürsorgliche Hausfrau in ihrem Garten zog. Wenn diese aber nicht wirkten, versprach man sich vielfach Hilfe vom „Besprechen", von der „Sympathie". Fast in jedem Dorf gab es einen Menschen, der sich mit solchen Dingen befaßte. Nur in allerhöchster Not ging der Landbewohner zum Arzt.

Abwehrmittel und Schutzhandlungen

Für nahezu alle Lebensgebiete gab es Schutzhandlungen und Abwehrmittel. Hier einige Beispiele:

○ Weit verbreitet war dieser Versuch, Warzen zu beseitigen: Während einer Beerdigung wurden sie in fließendes Gewässer gehalten und dazu gesprochen: „Warz, Warz, weich, jetzt läut't man zu einer Leich."

Auch mit dem Löschwasser des Schmieds wurden Warzen abgewaschen.

○ Gegen Müdigkeit legte man sich Beifuß in die Schuhe.

○ Den linken Strumpf um den Hals gelegt, half bei Zahnschmerzen.

○ An Karfreitag, Ostern und Weihnachten wirkten Wasser und Tau heilkräftig. Johannistau und Maitau helfen bei Sommersprossen.

○ Eschenholz hatte besondere Heilkräfte. Es half bei Schwindsucht, zur Wundheilung, bei Nasenbluten.
○ Fastnachtsschmalz war Wundschmalz.
○ Drei Bröcklein Brot und drei Sprenzerlein Salz wirkten gegen alles Böse.
○ Ließ man Hühner und Katzen in den Spiegel schauen, so blieben sie beim Haus.
○ Das Tischtuch zum Fenster hinausgehängt, sollte ein heraufziehendes Gewitter abhalten.
○ Mit einem Fledermausherzen in der Tasche konnte man einen Gewinn machen.
○ Wurde eine Maus ins Butterfaß geworfen, beschleunigte dies die Butterherstellung.

Wöchnerinnen bis zu ihrem ersten Ausgang nach sechs Wochen und Neugeborene galten als besonders gefährdet. Viele Vorkehrungen sollten sie schützen. So hatte die Wöchnerin stets die Bibel oder ein Gebetbuch unter dem Kopfkissen. Sie sollte nicht aus dem Fenster schauen, schon gar nicht auf einen Leichen- oder Hochzeitszug; dazu weder hinauf auf den Dachboden steigen noch Wäsche waschen. Ihr erster Gang nach sechs Wochen sollte in die Kirche führen. Bei Übertretung der unzähligen Regeln stand stets Unglück für Mutter, Kind oder die ganze Familie ins Haus.

○ Schaute man von hinten zum Kind in die Wiege, mußte es später schielen.
○ Wurde es zum Fenster hinausgehalten, wuchs es nicht mehr.
○ Schnitt man ihm im ersten Jahr die Nägel, so wurde es zum Dieb.
○ Wer eine Kindbetterin besuchte, ohne sich zu setzen, nahm ihr die Ruhe weg.

Viele andere im Aberglauben ruhende Bräuche sind harmloser Art:

○ Wenn zwei Menschen zufällig im gleichen Augenblick dasselbe sagen, dürfen sie sich etwas wünschen.
○ Besuch wird angekündigt, wenn sich die Katze putzt.
○ Ebenso kann man mit Besuch rechnen, wenn beim Frühstück ein Stückchen Brot in die Tasse fällt und das Getränk verspritzt wird.
○ Auch ein heruntergefallenes Gerät, wie Messer oder Schere, das im Boden steckenbleibt, weist darauf hin, daß an diesem Tag noch Besuch kommt.
○ Wer das Brot schief abschneidet, hat zuvor gelogen.
○ Man erfährt bald etwas Neues, wenn einen die Nase juckt.
○ Glück künden an: Schafe zur Linken; ein Hase, der einem über den Weg läuft; wenn das linke Ohr klingt; dreimal niesen am frühen Morgen; eine im Garten wild aufgegangene Königskerze; ein gefundenes Hufeisen.
○ Schlechte Vorzeichen dagegen sind: wenn das Salzfäßchen umgeworfen wird; ein zerbrochener Spiegel. Sehr kleine Eier sind Unglückseier und werden übers Hausdach geworfen, um das Unglück abzuwenden. Aneinandergewachsene Gurken werden nicht verzehrt, da sie Unglück bringen. Wem eine schwarze

Katze über den Weg läuft, muß mit einem Unglückstag rechnen.

Diese Aufzählung, die nur ein Bruchteil der ehemals bekannten Schutzhandlungen ausmacht, mag genügen.

Abwehrzeichen und Schutzwirkungen

Von Hausfassaden und Eingängen grinsten die abweisenden Fratzen der geschnitzten oder in Stein gehauenen Neid- und Schreckköpfe herab. Sie sollten, wie auch Tierschädel an Dachfirst oder Kamin, den bösen Mächten den Zutritt zu Haus und Stall verwehren. Ins Holz eingekerbte Hexenkreuze, Teufelsknoten, Drudenfüße (Fünfsterne) hatten ebenfalls Schutzfunktion. Sie wurden an Einfahrten, Stalltoren, Türschwellen, Arbeitsgeräten, aber auch an Möbeln, besonders an Betten, angebracht. Unheil bannen und Dämonen abwehren sollten auch am Haus befestigte Sicheln, Sensen und Hufeisen.

Schwalbennester unterm Dach und Storchennester auf dem Dach hielten den Blitz ab. Gegen Hagel schützte die Wachtel mit ihrem Ruf: „Fürchte Gott, trau auf Gott!“ Auch bestimmte Pflanzen hatten Schutzwirkung vor Blitz und Unwetter; so die blauen Blüten des Rittersporns, die Hauswurz, die Kornblume, und das Himmelfahrtsblümchen. Gegen Hexen schützte der vierblättrige Klee.

Geister

Der Glaube an Geister, an Wesen, die sich als Menschen im Leben etwas hatten zuschulden kommen lassen und nun im Tod keine Erlösung fanden, hielt sich lange. Es herrschte die Vorstellung, daß die Geister, in Menschen- oder Tiergestalt auftretend, niemandem Schaden zufügten, wohl aber drohendes Unheil ankündigen konnten. Sie gingen um, weil nur ein Lebender durch eine bestimmte Tat sie befreien konnte. Unzählige Geschichten erzählen von Grenzsteinverrückern, von Feiertagsentheiligern, von Mördern und anderen Gesetzesübertretern, die nun als verstorbene Seelen keine Ruhe fanden und vor allem des Nachts umherirrten. Besondere Zeiten waren die Nächte um Weihnachten, die Zwölf Nächte, Allerseelen, Erster Mai, die Advents- und Fastenzeit.

Geister konnten gebannt oder erlöst werden. Dabei genügte manchmal schon der Ruf „Helf dir Gott“ oder „Vergelt's Gott“. Einst schleppte ein Geist einen Grenzstein und fragte jeden, der ihm begegnete, wohin er ihn bringen solle. Erlöst wurde er durch die Antwort: „Da, wo du ihn weggenommen hast.“

Perchtenlauf im Salzburger Land. Furchterregende Gestalten sollten die bösen Wintermächte vertreiben.

Feste von Lichtmeß bis Himmelfahrt

Mariä Lichtmeß

Die langen, dunklen Wintertage sind zu Mariä Lichtmeß, am 2. Februar, vorüber. Auf dem Land brachte die zunehmende Tageshelle einen anderen Tagesablauf mit sich. Die Arbeit konzentrierte sich wieder mehr nach draußen. Im bäuerlichen Arbeitsjahr war Lichtmeß ein wichtiger Tag, da damit ein neues Wirtschaftsjahr begann. Zins, Pacht und Lohn wurden fällig. Dienstboten wechselten ihre Stelle. Gleichzeitig bildet das Fest Mariä Lichtmeß den Abschluß der Weihnachtszeit und leitet in die Fastenzeit über.

Die Herkunft des Festes

Seinen Ursprung als katholischer Feiertag hat Mariä Lichtmeß in dem Gesetz Moses', nach dem die jüdischen Mütter mit ihren neugeborenen Kindern 40 Tage nach deren Geburt zum ersten Mal im Tempel erscheinen sollten. Für die Mütter selbst endete damit die Zeit der Unreinheit. Auch Maria dürfte dieses Gebot befolgt haben. Der 40. Tag nach der Geburt Christi, der 2. Februar, hat daher auch die Namen „Darstellung des Herrn" und „Mariä Reinigung". Die Bezeichnung „Mariä Lichtmeß" ist auf den geschichtlichen Werdegang des Festes zurückzuführen. Von Jerusalem, wo seit dem 4. Jahrhundert der Tag mit Prozessionen gefeiert wurde, kam das Fest ins Abendland. Brennende Kerzen trug man hier bei den Prozessionen seit dem 8. Jahrhundert. In späterer Zeit wurden die Kerzen zuvor feierlich geweiht. Die brennende Kerze als Sinnbild Christi war zu allen Zeiten im religiösen Leben bedeutungsvoll. Lichtmeß ist der Tag der Kerzenweihe und der Weihe des Wachses, das im Laufe des Jahres im Gottesdienst und in den Familien verwendet werden sollte. Seit dem 10. Jahrhundert kennt man den Brauch der Kerzen- und Wachsweihe. Gesegnete Kerzen wurden im Leben zu verschiedenen Anlässen angezündet: Geburt, Taufe, Erstkommunion, Hochzeit, Sterbetag, bei schweren Unwettern. Auch Wachsstöcke als Liebesgabe, wie man sie in Süddeutschland kennt, brachte man zur Weihe in die Kirche.

Da Glaube und Aberglaube nahe beieinanderliegen, mußten in alter Zeit geweihte Kerzen auch zur Vertreibung böser Geister herhalten. Rotgefärbtem Wachs sprach man ganz besondere Wirkung zu. Es wurde Wöchnerinnen um Hand und Fuß gelegt, in dem Glauben, sie seien nun vor Hexen sicher. In manchen Gegenden Süddeutschlands formte man aus rotem Wachs Kreuze und brachte sie als schützende Symbole an Häusern, Bäumen und Arbeitsgeräten an.

Die Tage werden länger

Es wird heller –
Weihnachten um einen
Hahnentritt,
Neujahr um einen Hirschensprung
und Lichtmeß um eine ganze
Stunde.

Lichtmeß bedeutete das Ende der dunklen, kalten Wintertage. Von die-

Kerzenlicht ist nach Mariä Lichtmeß nicht mehr nötig und kann nun den Bach hinabschwimmen.

sem Tag an konnte man ohne Lampen und Kerzenlicht auskommen. Aus Freude darüber feierten die Menschen an manchen Orten „Lichtschwemmen"; sie setzten brennende Kerzen auf einfache Schiffchen oder Brettchen und ließen sie auf fließendem Gewässer schwimmen, begleitet von jubelndem Gesang.

Maria bläst's Licht aus,
Michael zündt's wieder an.

Bei ärmeren Leuten war oft das Herdfeuer die einzige Lichtquelle. Kerzenlicht kostete Geld, die Kienspanbeleuchtung war gefährlich. Daher war die Freude groß, wenn das Tageslicht wieder zunahm.

Lichtmeß bei Tag eß
und bei Nacht d'Spindel vergeß.

Das Stubenhocken hatte nun ein Ende. Die abendlichen Spinnstuben (Kunkelstuben, Lichtkarze, Lichtstuben) wurden aufgelöst. Die Mädchen und Burschen, die sich hier reihum zur Arbeit und – nicht immer zur Freude der Geistlichkeit – zu Scherz und Unterhaltung zusammenfanden, schlossen diese Zusammenkünfte mit einem fröhlichen Ausklang ab.

Ein Arbeitsjahr endet – ein neues beginnt

Bei Lichtmeß sollten die Drescharbeiten beendet sein, da nun die Feldarbeit vorbereitet werden mußte. Für einen Großknecht galt es als Schande, wenn bis zu diesem Tag nicht ausgedroschen war. Zur „Flegelhenket" gab es einen guten Schmaus, bei dem die Männer „wie die Scheunendrescher" zuschlagen konnten.

Für die Dienstboten war an Lichtmeß Zahltag. Es war üblich, den Jahreslohn in Geld- und Sachwerten auszuzahlen. So betrug der Jahreslohn einer Dienstmagd um 1920 etwa 100 Mark, dazu ein Sonntagskleid, ein

Werktagskleid, zwei Schürzen und ein Paar Schuhe. Auch Wolle und Flachs waren gebräuchlich.

Lichtmeß war neben Martini (11. 11.), Dreikönig (6. 1.) und dem Stefanstag (26. 12.) auch der Tag des Stellenwechsels. Mancher Bauer stellte auf Lichtmeß Dienstboten ein und entließ sie an Martini, um sie nicht im Winter „durchfüttern" zu müssen. Dienstboten, die ihre Stelle wechselten, schnürten ihr Hab und Gut in ein Bündel – daher auch der Name „Bündelestag". Vor ihrem Weggang wurde ihnen ein gutes Essen aufgetischt, an dem auch die bleibenden und die neu eingestellten teilnahmen. Ein Laib Brot als Wegzehr sollte die Dienstherrschaft in gutem Gedächtnis erhalten. Wer sich noch nicht neu verdingt hatte, konnte nun ein paar „Schlenkerlestage" einlegen, an denen er ohne Verpflichtungen umherschlenderte.

Von welch unterschiedlichen Stimmungen solch ein Stellenwechsel begleitet sein konnte, zeigen folgende Sprüche:

Lichtmeß kommt her
und mei Herzle wird schwer.
Ein Sechser wollt ich gebe,
wenn Lichtmeß net wär.
Heut ist mein Wandertag,
morgen mein Ziel;
schickt mi mei Bauer fort,
geit (gibt) mer net viel.

Heut ist der frohe Lichtmeßtag,
da bin ich munter und frisch.
Da pack ich meine Kleider
zusammen
und setz mich hintern Tisch.

Ei, Bäuerin, hol den Beutel her!
Ei Bauer, zahl mi aus!
Ihr habt scho oft a Suppe kocht,
hat garnet kräftig gschmeckt,
I hab scho oft a Arbeit ghabt,
hab garnet wale (schnell) gmacht.

Lichtmeß war ein wichtiger Lostag im Bauernjahr, das zeigen die vielen Wetterregeln auf diesen Tag:

Wenn's an Lichtmeß stürmt und
schneit,
ist der Frühling nicht mehr weit,
ist es aber klar und hell
kommt der Frühling nicht so
schnell.

Lichtmeß im Klee –
Ostern im Schnee.

Fastnacht

Es ist kein alter bäuerlicher Brauch, Fastnacht zu feiern, aber sie hat auch im ländlichen Raum ihre Tradition, und von alters her war auch auf dem Land der Fastnachtsdienstag ein besonderer Tag.

Über die Ursprünge

Die Herkunft der Fastnachtsbräuche wird in der Volkskunde verschieden gedeutet. Der „Tübinger Arbeitskreis für Fastnachtsforschung" kam nach langjähriger intensiver Brauchforschung zur Erkenntnis, daß Fastnacht nichts mit kultischen Handlungen zur Dämonenvertreibung zu tun habe. Vielmehr seien seine Anfänge im ständischen Bürgertum zu suchen.

Die ersten Maskierungen und Umzüge kamen mit Zunftbräuchen im Mittelalter auf. In scherzhafter und spöttischer Weise traten Handwerksgesellen und Lehrlinge vermummt der Obrigkeit gegenüber, um unerkannt ihrem Unmut Luft zu machen. Die Forscher sprechen von Mißdeutungen, wenn die Ursprünge der Fastnacht immer wieder in germanischer Zeit gesucht würden. Vielmehr sei Fastnacht, das wie die Fastenzeit seit dem Mittelalter im christlichen Kalender steht, eine zutiefst katholische Angelegenheit.

Auch die Herkunft des Namens „Fastnacht“ selbst ist nicht eindeutig zu erklären. Verschiedene Ableitungen sind möglich: von ausgiebigem Trinken als „Faßnacht“, von „faseln“ im Sinne „von Unsinn treiben“, aber auch von „fruchtbar sein, gedeihen“. Am häufigsten wird die Verbindung mit der vorösterlichen Fastenzeit hergestellt. Fastnachtsbräuche sind deshalb in katholischen Landschaften stärker verankert.

Die Bezeichnung „Karneval“ kam erst um 1700 aus dem Italienischen zu uns. „Carne vale“ heißt so viel wie „Fleisch, lebe wohl“ und weist auf die mit dem Fasten kommende fleischlose Zeit hin. In der Zeit davor wollten die Menschen alles, was sich ihnen bot, auch bezüglich des Essens, noch einmal voll auskosten.

Die christliche Kirche sieht im Narren eine Antifigur, die sich selbst gefällt, die keinen Blick für den Nächsten hat. Der Narr hält den Menschen einen Spiegel vor, der ihm zeigt, wie ein Mensch nicht sein soll: Er lärmt und tobt, führt lästerliche Reden, ist übermäßig im Essen und Trinken, macht sich häßlich und schmutzig, streitet und richtet sich gegen die Obrigkeit. Für die sechs Tage vor Beginn der Fastenzeit billigte die Kirche dieses Verhalten. Der Christ sollte erkennen, daß er in der Abwendung von Moral und Gesetz in die Ausweglosigkeit gerät, in das Reich des Teufels und nicht in Gottes Reich. Mit der Reformation wurde den evangelischen Christen auch von ihrer weltlichen Obrigkeit unter Strafe verboten, sich an solchem Narrentum zu beteiligen. Die evangelische Kirche sah im Fastnachtstreiben ein sündhaftes Verhalten und konnte es deshalb für ihre Gläubigen nicht gutheißen. Doch auch in den katholischen Fastnachtshochburgen gab es immer wieder Verbote, die oft genug mißachtet wurden. In der Zeit der Aufklärung sah man die Ursprünge der Fastnacht in dem heidnischen Brauch des Winteraustreibens und der Begrüßung des Frühlings. Später war es der Nationalsozialismus, der diese Deutung aufgriff. Er wollte das Fest nicht im christlichen Zusammenhang sehen, sondern seine Wurzeln in germanischen Frühlingsfeiern finden.

Ob Fastnacht, Fasching oder Karneval – es ist jedenfalls die Vorfeier der Fastenzeit. In alter Zeit begann das Fastnachtsfeiern mit dem „schmotzigen“, „schmalzigen“ oder „fetten Donnerstag“. Diese Bezeichnung leitet sich von den ausgesprochen fetten Mahlzeiten ab, die das Volk sich vor Beginn der Fastenzeit gönnte. Mit diesem Tag, und das ist nachweislich

schon vor 750 Jahren so gewesen, beginnt eine „verkehrte Welt" mit närrischem Treiben, mit Maskierung und ausgelassenem Spiel, mit einer bunten Palette von Narrengestalten wie Hexen, Teufel, Riesen und Schreckgespenstern aller Art. Ihre Requisiten sind Fuchsschwänze, Saublasen, Pfeifen, Peitschen, Schellen und alle nur denkbaren Lärminstrumente, die das närrische Treiben begleiteten.

Regional bildeten sich im Laufe der Jahrhunderte verschiedene Festformen und Fastnachtsgestalten heraus. Als Beispiel sei hier die bekannte „schwäbisch-alemannische Fasnet" erwähnt, eine Straßenfastnacht mit den für die einzelnen Orte dieses Gebiets typischen Figuren, den Narros, Hansele, Gole, Schandle mit Masken, Schlaraffen, Larven und Butzengesichtern, und mit Kostümen, die

Zur Schwäbisch-alemannischen Fastnacht gehören in Rottweil die Narren mit den bemalten Leinengewändern, Schellenriemen und glatten Holzlarven mit dem Fuchsschwanz.

In jedem Haus gab es Fastnachtsküchle. Dazu durften die Kinder auch noch bei den Nachbarn um Küchle bitten.

Kleidle, Narrenhäs, Bletzlehäs heißen.

Zünfte, Burschenschaften und Gilden waren die Träger dieser Veranstaltungen. Die schwäbisch-alemannische Fasnet reicht nachweisbar bis ins 16. Jahrhundert zurück.

So vielseitig und bunt wie Masken, Kostüme und Gestalten, so verschiedenartig sind Sitten und Brauchformen um die Fastnacht, früher wie heute. Traditionelles vermischt sich mit Neuem.

Fastnacht auf dem Lande

Hier hatte der Fastnachtsdienstag, auch „echte Fastnacht" genannt, durch Jahrhunderte hindurch seine besondere Bedeutung. Noch weit ins 19. Jahrhundert hinein pflegte die bäuerliche Bevölkerung an diesem Tag besondere Bräuche: Die Jäger gingen an diesem Tag nicht in den Wald, weil sie den Teufel draußen vermuteten. Die Bäuerin mußte an Fastnacht den ersten Salat säen. Die Obstbäume sollten ausgeputzt werden, damit sie gut trugen. Dem Fuchs legte man ein Küchle hinaus, damit er die Hühner in Ruhe ließ.

Das Wichtigste an diesem Tag aber war das Schmalzgebackene. In jedem Haus wurde vor Beginn der Fastenzeit noch einmal kräftig in den Schmalztopf gegriffen und schüsselweise das je nach Landschaft typische Kleingebäck aufgetischt. Im süddeutschen Raum wurden die „Fastnachtsküchle“ meist zusammen mit gekochten Hutzeln (Dörrobst) zur Hauptmahlzeit gegessen.

Fastnachtsküchle
Zutaten: 500 g Mehl, 80 g Butter, 80 g Zucker, 3 Eigelb, 1 Prise Salz, 30 g Hefe, 1/4 l Milch, Fett zum Ausbacken.

Aus den Zutaten bereitet man einen Hefeteig und läßt ihn gehen. Dann nimmt man ihn aus der Schüssel auf ein bemehltes Brett und wellt ihn dünn aus. Für „Schneidersfleck“ schneidet man schräge Vierecke (Rauten) von etwa 20 g; für „ausgezogene“ Küchle werden mit einem Glas runde Scheiben ausgestochen und so geformt, daß der Teig in der Mitte dünn wird und außen ein Wulst entsteht. Man läßt die Küchle mit einem Tuch bedeckt nochmals gehen, legt sie dann in heißes Fett und bäckt sie goldbraun.

Am Fastnachtsdienstag zogen die Kinder von Haus zu Haus und baten mit einem Sprüchlein um Küchle:

Sitzt ein Vögelein auf dem Dach,
gucket, wie man Küchlein backt,
Vögelein, darfst net so gucken,
s'ist ja nur ein Wassersuppen.

Auch Lehrer und Pfarrer wurden mit Küchle bedacht. Mit dem Backen verbanden sich allerlei Bräuche: das Schmalz, aus dem Küchle gebacken wurden, hielt man für besonders heilkräftig. Es wurde deshalb bei Mensch und Tier als Arznei angewandt. Mit der Asche, die beim Backen zurückblieb, wurden die Ställe bestreut, damit das Vieh nicht krank werden sollte.

Die Landbevölkerung hatte für diesen Tag auch ihre Wettersprüche:

Wenn an Fastnacht die Sonne
scheint,
so kommt ein Winter nachgegreint.

Der Eiszapfen um Fastnacht
dem Flachs lange Zöpf' macht.

Erst nach der Jahrhundertwende wurde auf dem Lande nach städtischem Vorbild die neue Sitte der Maskeraden mit Tanz und Lustbarkeiten eingeführt, mit Kappenabenden und „Maskenkränzchen“ in den Vereinen. Heute wird bis hinein ins kleinste Dorf wochenlang zu Jubel, Trubel, Heiterkeit eingeladen, auch wenn keine Tradition und Verwurzelung mit diesem Brauch vorhanden sind. Doch überall ist am Aschermittwoch alle Narretei vorbei, und die Fastenzeit beginnt.

Ostern

Der Sieg des Lebens über den Tod ist das große Motiv des Osterfestes. Daß wir das Fest der Auferstehung Christi gerade im Frühling feiern und nicht in einer anderen Jahreszeit, weist darauf hin, daß die Ursprünge des Festes weit zurückliegen. Im Frühling fanden schon in vorchristlicher Zeit bei den Völkern nördlich der Alpen Feste statt, mit denen die Auferstehung der Natur aus der Winterstarre gefeiert wurde. Wasser und Feuer waren die Elemente unterschiedlicher Riten bei diesen Festen – Elemente, die wir in den christlichen Osterbräuchen wiederfinden; ebenso das Ei, das in den Schöpfungsmythologien der verschiedensten Völker eine wichtige Rolle spielt.

Die Karwoche

Die Karwoche, auch „Stille Woche“ oder „Heilige Woche“, beginnt mit dem Sonntag vor dem Osterfest, dem Palmsonntag. Der Name stammt vom althochdeutschen „kara“, die Wehklage, Trauer. Keine Unruhe soll in dieser Woche von alters her das stille Gedenken an den Leidensweg Christi stören. Es durften keine Feste gefeiert werden, und auch die Arbeiten in Haus und Hof wurden so gut es ging eingeschränkt. In der Karwoche sollte keine Wäsche gewaschen und nicht in der Erde gearbeitet werden. Man ließ Milde gegen saumselige Zahler walten und Gefangene wurden begnadigt.

Für Katholiken war mit der Karwoche der Höhepunkt der Fastenzeit gekommen. Wenn sie auch die gesamte 40tägige Fastenzeit nicht immer streng einhielten – die Karwoche war und ist für viele Gläubige eine Fastenwoche.

Palmsonntag

Diesen Tag feiert die Kirche im Gedenken an den umjubelten Einzug Jesu in Jerusalem. Bei Matthäus heißt es: „Sehr viele vom Volke breiteten ihre Kleider über den Weg, andere hieben Zweige von den Bäumen und streuten sie auf den Weg.“ Palm- und Ölzweige waren es, die zu seiner Huldigung ausgebreitet wurden.

Palmbuschen

In der katholischen Kirche wird auch heute noch in Palmprozessionen symbolisch nachvollzogen, was damals in Jerusalem geschah. Seit dem Mittelalter werden die zur Prozession mitgetragenen „Palmen“ zuvor in der Kirche geweiht. Sie symbolisieren den Sieg des Lebens über den Tod. An die Stelle von echten Palmzweigen traten immergrüne Gehölze wie Buchsbaum, Stechpalme, Eibe, Thuja, Wacholder; besonders aber auch die Weidenkätzchen, die von daher auch den Namen „Palmkätzchen“ haben. Aus solchen Zweigen werden Handsträußchen gebunden, die man „Palmbuschen“ oder „Palmwedel“ nennt. Mit kunstvoll gestalteten „Palmen“ ziehen in den katholischen Landesteilen Süddeutschlands Kinder und Jugendliche in die Kirche. Das Palmentragen hat also eine lange Tradition, die mancherorts erst in den vergangenen Jahren wieder neu aufgelebt ist. Festlichen Charakter bekommen die Palmprozessionen dort, wo die reich geschmückten, kunstvoll gestalteten „Palmstecken“ (auch Palmstangen, Osterpalmen, Osterstecken genannt) zur Kirche getragen werden (s. Titelbild). Möglichst lang und bunt müssen sie sein. Die aus immergrünen Zweigen, Weidenkätzchen, ausgeblasenen gefärbten Eiern, bunten Bändern, Gebäck, Äpfeln, Heiligenbildchen und aus abgeschälten Hölz-

Einfacher Palmen zum Nacharbeiten. Immergrüne Zweige und Palmkätzchen bilden den Palmbuschen, der von einer Girlande aus Eiern und Kreuzchen aus Holunderhölzchen umwunden wird.

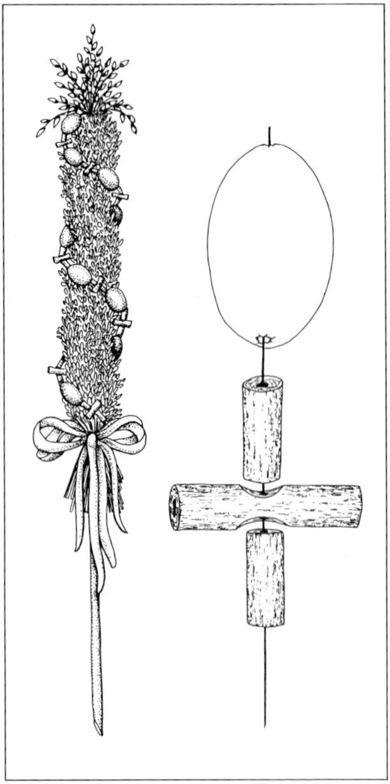

chen gebundenen Buschen werden auf einem verzierten geschnitzten Stock oder einer mit bunten Bändern umwickelten Stange befestigt. Andere „Palmen" sind so gestaltet, daß auf dem Stockende eine auf Draht gebundene Krone mit einem Kreuz sitzt, die verschiedenartig ausgestaltet werden kann. Solche Palmen findet man vor allem im Oberschwäbischen. Ehrfurchtsvoll werden die gesegneten „Palmen" nach Hause getragen und an einem würdigen Ort im oder am Haus als Schutz- und Segenszeichen aufgestellt.

Einfacher Palmen

Material: 1 Holzstab, etwa 1 m bis 1,20 m lang, Buchsbaum, Thuja, Eibe oder andere immergrüne Zweige, geschälte Holunderstöckchen, ausgeblasene Eier, Bindedraht.

Aus den immergrünen Zweigen wird ein hübsches, etwa 20 cm hohes Sträußchen gebunden, in dem auch Palmkätzchen sehr schmückend wirken. Dieses Sträußchen wird mit Bindedraht am oberen Ende des Stabes befestigt. Von oben nach unten wird nun fest und gleichmäßig mit etwa 10 cm langen Zweigen schuppenartig die Hälfte oder zwei Drittel des Stabes umwickelt. Aus Holunderstäbchen schneidet man 3 und 6 cm lange Hölzchen zu. Die 6 cm langen müssen in der Mitte bis zum Mark eingekerbt werden. Nun fädelt man die Hölzchen wie Kreuze im Wechsel mit ausgeblasenen Eiern auf festen Bindedraht. Das Mark der Hölzchen läßt sich leicht durchstoßen. Diese Auszier wird mit dem oberen Drahtende am Palmen unterhalb des Sträußchens befestigt, um den Palmen gewunden und am unteren Ende festgedreht. Mit einem Zierband kann die Befestigungsstelle abgedeckt und zusätzlich geschmückt werden.

Palmesel

Jesus saß auf einem Esel, als er in Jerusalem unter Hosiannarufen einzog. Aus dem Mittelalter stammt der Brauch, bei der Palmprozession durch die Straßen der Stadt einen hölzernen Esel mit der Christusfigur darauf mitzuführen. Diese fast lebensgroßen, farbig bemalten Holzfiguren finden sich heute fast nur noch in Museen.

Schon bald nach der Reformation ist der Brauch des Eselmitführens bei der Prozession an vielen Orten nur noch eingeschränkt gepflegt worden und beschränkte sich auf den Platz vor der Kirche. Ausnahmen gab es aber durchaus, vor allem nach der Wiederbelebung des Brauches im 19. Jahrhundert. So wurden um den Palmesel an manchen Orten die reinsten Volksfeste abgehalten.

Im Volksmund wird derjenige im Haus der „Palmesel" genannt, der am Palmsonntagmorgen als letzter aus dem Bett kommt. Er muß sich manche Neckerei anhören und bekommt vielleicht sogar ein Paar Eselsohren aus Papier aufgesetzt. Auch der, der mit seinem Palmstecken zuletzt zur Palmweihe eintrifft, muß sich gefallen lassen, mit „Palmesel" geneckt zu werden.

Gründonnerstag

An diesem Tag denken die Christen an das erste Heilige Abendmahl, das Jesus mit seinen Jüngern gefeiert hat, und an den Beginn des Leidenswegs auf den Ölberg. Im Gedenken daran feiern evangelische Christen am Abend des Gründonnerstags im Gottesdienst das Abendmahl. Der Name „Gründonnerstag" wird verschieden gedeutet. Zum einen wird er mit dem Wort aus dem Lukasevangelium erklärt, wonach Jesus auf seinem Kreuzweg ausrief: „Wenn dies am grünen Holz geschieht, was wird am dürren erst geschehen!" Eine andere Erklärung liegt in der Bezeichnung „Greindonnerstag", an dem die Kirche die seit Aschermittwoch von der Gemeinschaft ausgeschlossenen Büßer, die „Greinenden" (Weinenden), wieder aufnahm. In manchen Gegenden ist für Gründonnerstag auch der Name „Antlaßtag" gebräuchlich. Antlaß bedeutet Entlassung und meint die Entlassung der Weinenden aus der Büßerschar.

In katholischen Gemeinden verstummen vom Glorialäuten an die Kirchen- und Altarglocken. Erst zur Auferstehungsfeier in der Osternacht werden sie wieder klingen. Bis dahin ersetzen Klappern und Rätschen die Glocken. Mit ihnen ziehen die Buben durchs Dorf. Früher wurden sogar auf den Kirchtürmen große Rätschen angebracht, die zum Gottesdienst riefen und zusätzlich die Tageszeiten kündeten.

Das Volk dachte bei dem Namen eher an die Farbe grün und pflegte seit alters her an diesem Tag grüne Speisen zu essen, grünes Gemüse und Kräuter, nach denen den Menschen im nun erwachenden Frühling durchaus der Sinn stand, zumal die grünende Flur solche Genüsse nun auch wieder anbot. Überall brachte die Hausfrau eine grüne Speise auf den Tisch: Suppen und Soßen aus frischen Gartenkräutern oder aus Wildkräutern wie Brennessel, Sauerampfer, Löwenzahn, Gänseblümchen; Gemüse von Mangold, Grünkohl, Lauch, Spinat aus der Überwinterung im Garten; auch Pfannkuchen mit Schnittlauch und andere Eierspeisen mit grüner

Beigabe. In Süddeutschland ißt man an Gründonnerstag mit Vorliebe Maultaschen mit Spinatfüllung, die trotz Fleischgehalt als Fastenspeise gelten.

Maultaschen

Teig: 500 g Mehl, 4 Eier, eine Prise Salz, 1 Eßlöffel Öl, etwas lauwarmes Wasser.

Füllung: 4 Zwiebeln, 50 g magerer Speck, 250 g Schweinefleisch, 250 g blanchierter Spinat, 2 Bund Petersilie, 100 g Bratwurstbrät, Salz, Muskat.

Für den Teig die Zutaten auf dem Backbrett oder mit der Küchenmaschine zu einem glatten, festen Nudel- oder Strudelteig kneten. Diesen in etwa vier Teile schneiden und jeden Teil dünn ausrollen oder ausziehen. Für die Füllung klein geschnittene Zwiebeln und Speck andünsten und mit den anderen Zutaten durch den Fleischwolf drehen. Diese Masse gleichmäßig auf die Teigblätter verteilen, aufrollen und die Ränder andrükken. Mit der Hand oder mit der Kante eines Holzbretts 6 cm lange Stücke abteilen, auseinanderschneiden und nochmals etwas andrücken, damit sich die Teilenden beim Kochen nicht öffnen. Die Maultaschen in kochende Fleischbrühe legen und auf kleiner Flamme ziehen lassen, bis sie obenauf schwimmen. In der Brühe mit gebräunten Zwiebeln auftragen.

Ländliche Bräuche am Gründonnerstag

Die Eier, die an diesem Tag gelegt wurden, galten als besonders heilkräftig und wurden deshalb mit Vorliebe als Ostereier verwendet. Man sagte: Wenn Zimmerleute und Maurer diese Eier nüchtern essen, wird ihnen bei der Arbeit nicht schwindlig. Wer die Eier austrinkt, ist gegen Bruch geschützt. Hühner, die aus Gründonnerstagseiern ausgebrütet waren, sollten jedes Jahr die Farbe ihres Gefieders wechseln. Auch den an diesem Tag gesammelten Kräutern sprach man besondere Heilkraft zu. Sie wurden gern zu einem Kranz gebunden und zum Schutz und Segen im Haus aufgehängt. Am Gründonnerstag sollten Blumen und Kräuter gesät werden. Die Blumen würden besonders schön, die Kräuter sehr heilkräftig.

Karfreitag, Stiller Freitag

Der Tag der Kreuzigung Christi ist der höchste Feiertag der evangelischen Kirche. Seit dem 2. Jahrhundert wird er als Trauer- und Fastentag gefeiert. In der katholischen Kirche wird der Tag ohne Meßfeier begangen. Der Gottesdienst steht daher ganz im Zeichen der Besinnung und der Erinnerung an das Leiden und Sterben Jesu Christi. Bei Prozessionen und Bußumgängen werden mancherorts Szenen aus der Leidensgeschichte dargestellt.

Der Karfreitag im Volksglauben

An diesem Tag ist aller Lärm verpönt. Die Menschen im Dorf hielten sich früher auch streng daran, an diesem Tag nicht ins Wirtshaus zu gehen. In Haus und Hof wurden nur die aller-

Vor Sonnenaufgang schöpften die Mädchen am Bach das Karfreitagswasser, dem besondere Heilkräfte zugesprochen wurden.

nötigsten Arbeiten getan. Auch den Kindern wurde verwehrt, allzu lautes Spiel zu treiben. Die Bälle sollten sie an diesem Tag nicht überkreuz werfen, sonst würden sie den Heiland kreuzigen.

Der Karfreitag galt als Tag großer Segenskräfte. Von Mädchen wurde am fließenden Bach vor Sonnenaufgang das Karfreitagswasser geholt. Sie mußten es gegen den Strom schöpfen und durften bei ihrem Tun weder sprechen noch lachen. Dem Wasser sprach man ganz besondere Heilkraft zu. Das Jahr über half es gegen allerlei Übel, Hautkrankheiten sollten damit geheilt und Sommersprossen vertrieben werden. An manchen Orten ließen sich heilsuchende Menschen am Karfreitagmorgen im Bach oder Fluß stehend vom fließenden Wasser umspülen. Den Brauch des Wasserholens und Badens kannte man in manchen Gegenden auch als Ostersonntagsbrauch.

Kinder durften sich die ungeduldige Vorfreude auf Ostern damit verkürzen, im Wald das Moos für das Osternest zu holen. Die Buben im Dorf hatten ihre eigene Aufgabe. Sie mußten mit ihren Rätschen und Klappern die Glocken ersetzen und zogen zu den festgesetzten Zeiten klappernd durch die Gassen.

Wenn von Gründonnerstag an die Kirchenglocken schwiegen, übernahmen bis zum Ostersonntag die Karklappern ihren Dienst. Klapperbretter sind leicht nachzuarbeiten und wurden deshalb früher von den jungen Burschen selbst hergestellt.

Karklappern

Einfache hölzerne Lärminstrumente ersetzten von Gründonnerstagmittag bis Karsamstagabend die Kirchenglocken. Je nach Art der Ausführung nennt man sie Rätschen, Rasseln, Rumpeln oder Klappern. Sie wurden selbst gefertigt oder vom Dorfschreiner hergestellt. Das Umherziehen damit war den Buben des Dorfes, den „Klapperjungen“, vorbehalten. In überwiegend katholischen Landschaften üben sie den Brauch noch heute mit Eifer und Hingabe aus. Mehrmals am Tage übernehmen die Klapperjungen nach festgelegten Routen den Dienst der Glocken. Die Karklappern sollen während der stillen Tage die Menschen auch innerlich aufrütteln und an das Geschehen am Kreuz erinnern.

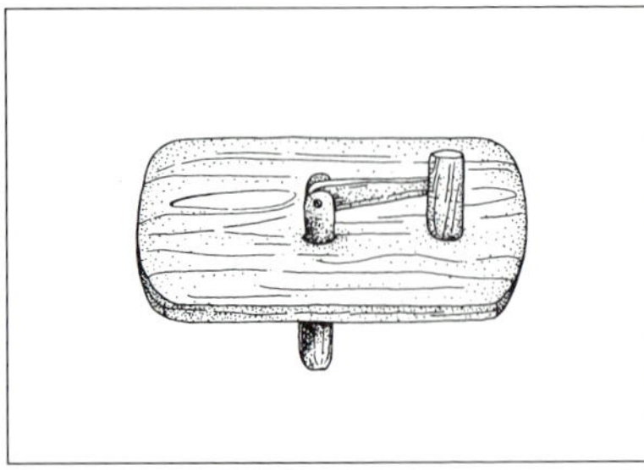

Die einfachsten Karklappern sind die „Klapperbretter“, die klein sind und deshalb vor allem von den kleineren Buben benutzt werden.

Klapperbrett

Ein etwa 25 × 10 cm großes Brettchen wird an beiden Seiten abgerundet. Damit es handlicher wird, kann die Mitte eine Ausbuchtung bekommen. Durch ein vorgebohrtes Loch steckt man einen etwa 20 cm langen Rundstab oder zwei Leisten, die unter dem Brett den Handgriff bilden. Im oberen Teil wird in den Stab oder zwischen die Leisten ein holzgefertigtes Hämmerchen montiert, das gut beweglich sein muß. Wird das Brettchen auf und ab bewegt, schlägt das Hämmerchen links und rechts auf. Den besten Klang ergeben Eschen- und Rüsterholz.

Mit gesungenen Verschen begleiten die Jungen ihre Rappelinstrumente. Aus dem Saarland ist uns neben anderen dieses Sprüchlein bekannt:

Mancherorts ersetzten Rätschen die verstummten Kirchenglocken.

„Betglock', Rosenstock, wenn's nicht läut', dann rappelt's doch!" Nach dem Klappern ziehen die Kinder auch heute noch von Haus zu Haus, um Eier in ihre mitgebrachten Körbe zu sammeln. Hin und wieder ist auch ein Geldstück oder etwas Süßes dabei.

Karsamstag

Das Licht der Auferstehung leuchtet schon herein – symbolisiert durch das Osterfeuer, das am späten Abend des Karsamstag vor der dunklen Kirche entfacht wird. An ihm entzündet der Priester die Osterkerze und trägt sie in die dunkle Kirche, die langsam immer heller wird, wenn die Gottesdienstbesucher ihre mitgebrachten Kerzen daran anzünden. Jeder nimmt in der „Nacht der Nächte" sein ganz persönliches Osterlicht mit nach Hause. Die Osterkerze ist eines der Symbole für den auferstandenen Christus.

Das lebensspendende Wasser, Zeichen der Taufe und als Taufwasser gebraucht, wird im Gottesdienst gesegnet und von den Gläubigen mit nach Hause genommen, um Haus, Hof, Felder und Bäume damit zu segnen. Das Besprengen mit geweihtem Wasser erinnert an die eigene Taufe.

Häusliche Ostervorbereitungen

Wie froh und befreit müssen sich die Fastenden am letzten Fastentag gefühlt haben! Auch heute ist am Karsamstag schon die Osterfreude zu

Am Ostermorgen werden verschiedene Speisen zur Segnung in die Kirche gebracht.

spüren. Die Vorbereitungen auf den hohen Festtag sind in vollem Gange. Es wird geputzt, gekocht und gebakken. Eier werden gekocht und gefärbt. Erwartungsvoll sehen die Kinder dem Osterhasen entgegen. Wenn nicht schon geschehen, richten sie ihm noch das Nest.

Osterfeuerlaufen

Ein alter Brauch hat sich in Oberbayern erhalten: das Osterfeuerlaufen. Dafür sammeln die jungen Burschen das ganze Jahr über Baumschwämme (Pilze) im Wald. Am Karsamstag, wenn das Osterfeuer entfacht und geweiht ist, halten die Buben die auf einen Eisenstab gesteckten Schwämme in das Feuer. Diese gehen nicht in Flammen auf, sondern glühen nur. Anschließend tragen sie die Burschen von Haus zu Haus. Jede Hausfrau schneidet ein Stück von dem glühenden Schwamm ab und steckt es in den Herd. Es soll Haus und Hof vor Feuer und Blitz schützen. Die Buben erhalten ein kleines Geldgeschenk und ziehen weiter. Das Osterfeuerlaufen, das im Schwarzwald mit einem Holzscheit geschieht, ist den Burschen vorbehalten; die Mädchen dürfen dafür an Mariä Himmelfahrt den Kräuterbuschen in die Kirche tragen.

Ostersonntag

Nach der langen, kargen Fastenzeit und der Karwoche, die wie ein letzter dunkler Durchgang erscheinen kann, ist nun das lichterfüllte Osterfest, das älteste und höchste Fest der Christenheit, gekommen: im Opfertod Christi und seiner Auferstehung hat das Christentum seinen Ursprung. 325 durch das Konzil von Nicäa beschlossen, fällt Ostern stets auf den ersten Sonntag nach dem ersten Frühlingsvollmond. Es gehört zu den beweglichen Jahresfesten.

Beim Osterfrühstück dürfen buntgefärbte Eier, Osterlämmchen und gebackene Häschen nicht fehlen.

Nach klassischem Muster kunstvoll bemaltes Osterei.

In vorchristlicher Zeit feierten die Menschen zu diesem Termin den Sieg über Winter, Dunkelheit und Kälte, was sich später sehr passend mit der christlichen Freude über die Auferstehung des Herrn verbinden ließ.

Ob das Fest, wie vielfach angenommen, seinen Namen von der germanischen Frühlingsgöttin Ostara bekommen hat oder vom Osten, in dem die Sonne ihre Bahn beginnt, ist nicht nachweisbar. Von jeher hat der Ostermorgen seinen besonderen Glanz. Immer wieder wird davon berichtet, daß es in alter Zeit üblich war, am Ostermorgen sehr früh aufzustehen, um das neue Tageslicht, die Morgenröte, zu begrüßen. Unsere Ahnen sahen den Sonnenaufgang als Symbol für die Auferstehung und das wiedererweckte Leben.

Wenn am Ostersonntag die Menschen beim Osterspaziergang freudig die erwachende Natur begrüßen, so kommt darin etwas von der Dankbarkeit für das alljährlich neue Geschenk des Frühlings zum Ausdruck.

Mit vielstimmigem Geläute rufen die Glocken am Ostermorgen zum Festgottesdienst. Die katholischen Gläubigen bringen Speisen wie Brot, Eier und Fleisch zur Segnung in die Kirche. Nach strenger christlicher Fastenübung wollte man nicht ohne den Segen der Kirche das häusliche Ostermahl einnehmen. Das Brot wird meist als Gebildbrot, als Osterlamm, Osterbrezel und ähnliches gebracht.

Erstes Frühlingsgrün schmückt die Räume und den festlich gedeckten Tisch. Das vorausgegangene Fasten erhöht die Freude beim nun beginnenden Festen. Freunde und Verwandte besuchen sich. Besonders gutes Essen wird aufgetischt.

Das Osterei, Sinnbild des Lebens

Das Ei trägt das Wunder des Lebens und ist so Fruchtbarkeits- und Lebenssymbol schlechthin. In vielen Kulturen wurde das Ei als Urgrund der Welt verehrt und galt als heilig. Zum Symbol für die Auferstehung wurde es im Christentum: die Schale als Grab, aus dem das Leben kommt. Ein wahrer Eiersegen ergoß sich zu Ostern. Grund dafür war, daß nach den strengen Fastenordnungen während der 40 Tage vor Ostern auch der

Mit einem spitzen Werkzeug werden hier feine Ornamente in das gefärbte Ei geritzt.

Kunstvoll beschrifteten die Mädchen bunte Eier und schenkten sie als Liebesgabe ihrem Schatz.

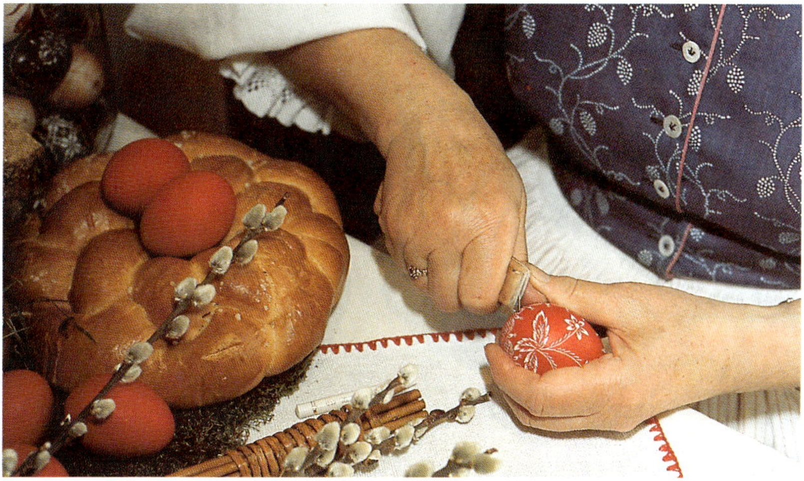

Ein aus Weidenruten geflochtenes Ostergärtchen. Den Weg dorthin findet der Hase bestimmt.

Genuß von Eiern nicht erlaubt war. Zudem begannen die Hühner im Frühjahr wieder mehr Eier zu legen. Eier gehörten schon früh zu den Gütern, die unter die österliche Abgabepflicht fielen. Alte Urkunden berichten schon im 9. Jahrhundert, daß Bauern bis zu 100 Eier pro Hof an die weltliche oder geistliche Herrschaft abliefern mußten. Dafür erhielten sie das Jahr über Zoll- und Marktfreiheiten, speziell für Eier. Diese abzuliefernden Zinseier hat der Bauer farbig gekennzeichnet. Die Kirchen und Klöster verwendeten die Eier zur Entlohnung ihrer Mitarbeiter oder gaben sie an Arme und Bedürftige weiter. Vor dem Verzehr wurden die Eier zum Segnen in die Kirche gebracht.

Geschenkeier

Die Wurzeln des seit dem 16. Jahrhundert bekannten Beschenkens mit farbigen Eiern sind also in den alten Abgabeordnungen zu finden. Paten und Liebespaare waren wohl die ersten, die sich liebevoll verzierte Eier zum Geschenk machten.

Die Ostereier sollen ursprünglich nur rot gefärbt gewesen sein. Die Farbe Rot ist Sinnbild der Liebe und des Lebens.

Im 17. Jahrhundert begann man, die Eier nicht nur zu färben, sondern sie auch kunstvoll zu verzieren. Dabei entwickelten sich nach und nach in den Landschaften die verschiedensten Techniken: Eier wurden bemalt, gekratzt, geätzt, gebatikt, beklebt und mehr. Künstlerisch gestaltete Eier aus Porzellan, Wachs und Edelmetallen kamen auf, mit denen man sich in höfischen und adeligen Kreisen beschenkte. Mädchen bemalten mit feinen Pinselstrichen ihr Osterei für den Liebsten und versahen es gerne mit einem passenden Spruch:

Aus Liebe schenk' ich dir ein Ei,
daß es ein Sinnbild des Lebens sei
und ein Zeichen meiner Treu.

Nach wie vor die einfachste Art der Gestaltung ist die, die Eier in einem Farbbad abzukochen. Es macht Spaß, die vielfältigen Tönungen auszuprobieren, die mit heimischen Pflanzen wie Rote Rüben, Zwiebelschalen und vielen anderen erzielt werden können. Andere natürliche Farbstoffe sind die exotischen Hölzer, die es in Apotheken und Drogerien zu kaufen gibt, wie Rotholz, Sandelholz, Gelbwurzel.

Eierfärben mit Naturfarben
Eine große Handvoll Färbemittel (zum Beispiel Birkenblätter, Spinat, Moos) wird in gut 1 l Wasser etwa 10 Minuten gekocht, danach abgeseiht. In diesen Farbsud legt man die frischen, abgewaschenen Eier und kocht sie 8 bis 10 Minuten. Nach dem Kochen abschrecken, trocknen lassen und mit Speiseöl leicht einreiben. Bereitet man mehrere Farbbäder, können die Eier nacheinander in verschiedene Sude gelegt werden; dadurch ergeben sich schöne Mischtöne. Die in Apotheke oder Drogerie erhältlichen Färbemittel färben intensiver, man kommt daher mit kleineren Mengen aus.

Der Osterhase

Hasen sieht man im Frühjahr als erste Tiere wieder in Feld und Flur. Sie bekommen als erste Junge und gehören zu den fruchtbarsten Tieren. Das machte sie in vielen Völkern zum Sinnbild der Fruchtbarkeit. Der Brauch, daß der Hase die Ostereier bringt, kommt aus dem Bürgertum. Auf dem Land wurde er zu Anfang unseres Jahrhunderts übernommen.

Das Osternest

Manchen Kindern versteckt der Hase die Eier unter Büschen, hinter Zäunen und in manchen Winkeln, anderen legt er sie in das moosgepolsterte Körbchen, das sie am Vortag gerichtet haben, und verbirgt dieses an einem versteckten Platz im Garten oder im Haus. Wer aber ganz sicher gehen will, daß der Hase das gerichtete Nest auch findet, baut ihm ein richtiges Gärtchen. Wenn sogar noch ein Weg hineinführt, kann er es gar nicht verfehlen. Mit saftigen Blättern oder „Hasenbrot“ (Zwerggras) wird der Hase angelockt.

Mancherorts wird auch etwa zwei Wochen vor Ostern in einem Schüsselchen Weizen ausgesät, der dann am Ostersonntag ein weiches Polster für die Ostereier bietet, die der Hase darauflegt. Auch Gras- oder Kressesamen eignet sich.

Eierspiele

Die Kinder haben es eilig, nach dem Kirchgang heimzukommen. Sie freuen sich schon auf die Spiele draußen auf den Wiesen. Die Eierkörbchen sind gut gefüllt; denn auch von den Paten und den Großeltern haben sie Ostereier bekommen. Jeder hofft, daß ihm beim Spielen möglichst wenig Eier zerbrechen, damit der Eiervorrat

Typisches Ostergebäck: Über Hasen und Hennen aus Hefeteig freuten sich die Kinder damals genauso wie die heutigen Kinder über Schokolade- und Zuckerhasen.

auch noch für den Ostermontag reicht. Geht ein Ei kaputt, wird es gegessen. Welche Freude, wenn der Dotter schön gelb ist: dann hat man ein „Engele". Die dunklen Dotter, die „Teufele", sind weniger beliebt.

Eierwerfen

Auf einer Wiese oder einer sandigen Spielfläche wird ein Kreis von etwa einem Meter Durchmesser markiert. Die Abwurflinie ist etwa 2 bis 3 Meter davon entfernt. Jedes Kind versucht, von dieser Linie aus ein Ei in den Kreis zu werfen. Es sollte so vorsichtig geworfen werden, daß das Ei ganz bleibt. Wer sein Ei unbeschadet in den Kreis trifft, bekommt als Preis alle außerhalb des Kreises liegenden Eier. Auch das eigene Ei darf zurückgenommen werden.

Eierrollen

Die Kinder stellen sich an einem Wiesenhang auf. Auf das Startzeichen eines Spielers lassen alle ein Ei den Abhang hinabrollen. Der, dessen Ei am weitesten gerollt ist, darf die Eier der anderen Spieler behalten.

Eierdotzen

Zwei Spieler stehen sich gegenüber. Jeder hält ein Osterei in der Hand. Nach vorausgegangenem Neckspiel stoßen sie die spitzen oder stumpfen Enden der Eier (das wird vorher abgesprochen) gegeneinander. Der Spieler, dessen Ei dabei ganz bleibt, bekommt das eingedrückte des anderen. Man kann das Spiel verlängern, wenn die Spielpartner auch das andere Ende des Eies gegeneinander dotzen.

Eierlesen

Seit dem 16. Jahrhundert belegt und früher weit verbreitet war der Brauch des Eierlesens. Dieser Osterbrauch wurde von der ledigen Dorfjugend gepflegt und hat sich an einigen Orten Baden-Württembergs bis heute in ähnlicher Form erhalten oder wurde wieder aufgegriffen. Dazu sammeln die Burschen vorher im ganzen Ort Eier ein. Am Ostermontag zieht der Zug der ledigen Jugend, die Mädchen weiß gekleidet und Szillasträußchen in der Hand, unter Führung eines Festordners und zweier Vorreiter auf eine Wiese vor dem Ort. Dort sind inzwischen die gesammelten Eier, jedes vom anderen einen Schritt entfernt, ausgelegt worden. Ein Bursche muß nun die zerstreuten Eier in einen Korb oder in die Schürze eines Mädchens sammeln. Ein anderer Bursche muß inzwischen eine vorher bestimmte und der Menge der Eier angemessene Strecke ablaufen. Zur Kontrolle hat er entweder einen Gegenstand zu holen, den man vorher an einer Stelle deponiert hat, oder er hat eine Flasche Wein von einem bestimmten Wirtshaus des Nachbarorts zu bringen. Wer zuerst mit seiner Aufgabe fertig ist, hat gewonnen; der Verlierer muß ein Faß Bier bezahlen, das von der ledigen Jugend gemeinsam getrunken wird. Dazu werden die Eier gemeinsam verspeist.

Ostergebäck

Zu vielen besonderen Festtagen gibt es brauchtümliches Gebäck, sogenannte Gebildbrote. Sie sind mehr als

ein Nahrungsmittel, ihre gestaltete Form verleiht ihnen Symbolcharakter und nimmt etwas vom Wesen des jeweiligen Festes auf. Mit Vorliebe wird solches Gebäck verschenkt: Eltern und Paten an die Kinder, Dienstherren an ihre Dienstboten, Burschen und Mädchen gegenseitig. Österliche Gebildbrote sind Hasen aus Hefeteig (auch mit eingebackenem Ei), Brezeln, Ringe, Fladen, Kipfe, Lämmer und anderes.

Osterhase aus Hefeteig

Zutaten: 600 g Mehl, 40 g Hefe, $^1/_4$ l lauwarme Milch, 100 g Butter, 2 Eier, 1 Prise Salz, 60 g Zucker, einige Rosinen.

Aus den Zutaten einen Hefeteig bereiten und gehen lassen. Auf Pappe in etwa 30 cm Größe die gewünschte Figur aufzeichnen und die Schablonen ausschneiden (siehe Zeichnung). Den Teig 1 cm dick auswellen, die Schablonen auflegen und mit scharfem Messer oder Teigrädchen ausschneiden. Die Teile aneinandergesetzt auf das gestrichene Backblech legen und mit Rosinen das Gesicht markieren. Mit verquirltem Eigelb bestreichen und noch einmal 15 Minuten gehen lassen. Bei 200 °C 15 bis 20 Minuten backen.

Osterlämmer werden aus Biskuit- oder Rührteig hergestellt, in eine Form gegossen und gebacken, danach mit Puderzucker bestreut und einem Halsband mit Glöckchen versehen. Auf den Rücken wird ein Fähnchen gesteckt. So zieren sie den Ostertisch. Das Lamm ist ein Symbol für Christus, der die Sünden der Welt auf sich nimmt und die Menschen von ihrer Schuld erlöst.

Ostermontag

Wie Weihnachten und Pfingsten hat auch das Osterfest einen zweiten Feiertag. Nach biblischem Bericht begegnete Jesus am Tag nach seiner Auferstehung zwei seiner Jünger, die auf dem Weg nach Emmaus waren. Danach werden gemeinsame Spaziergänge und Feldprozessionen wie auch Besuche von Kapellen am Ostermontag häufig als Emmausgang bezeichnet. Der Ostermontag war an verschiedenen Orten Markttag – man nützte so den Tag für notwendige Besorgungen, aber auch zum Treffen mit Verwandten und Bekannten.

Erster Mai

Walpurgisnacht

Wenn in den Dörfern am Abend vor dem 1. Mai alle Gerätschaften um das Haus herum weggeräumt werden, damit die Dorfjugend nachts keinen Schabernack mit ihnen treibt, so liegen die Ursprünge weit zurück. Aber auch hier können wir heute nicht mehr mit Gewißheit feststellen, wo genau die Wurzeln dieses Brauches liegen. Mehrere Erklärungen sind möglich.

Zum einen erzählt die Sage von den Hexen, die in dieser Nacht auf Besen, Ofengabeln und Ziegenböcken zum Blocksberg im Harz reiten, um dort den Teufel zu treffen. Man nimmt an, daß die Ursprünge zu dieser Sage im Beginn der Christianisierung liegen: ein Frühlingsfest, das bis dahin im sächsischen Gebiet gefeiert worden war, war verboten worden. Wer an den alten Bräuchen festhalten und die Kultstätten weiter aufsuchen wollte, vermummte sich, um unerkannt zu bleiben. Im Volksglauben wurden aus diesen oft schaurig verkleideten Gestalten Hexen, die man durch Böllerschüsse und Peitschenknallen zu vertreiben suchte.

Der Name ist auf die heilige Walpurga zurückzuführen. Als Heilige – sie lebte im 8. Jahrhundert als Äbtissin – sollte sie Schutz gewähren vor der Zaubermacht der Hexen.

Eine andere Ursache für das Treiben in der Walpurgisnacht könnte mit dem 1. Mai als altem Musterungstermin zusammenhängen. Die Nacht davor war „Freinacht“, in der sich die jungen Männer vor ihrer strengen Militärzeit noch einmal richtig austoben konnten.

Maienstecken

Der Winter ist vergangen,
ich seh' des Maien Schein,
ich seh' die Blümlein prangen,
des ist mein Herz erfreut!
So fern in jenem Tale,
da ist gar lustig sein,
da singt Frau Nachtigalle
und manch' Waldvögelein.

Ich geh', ein' Mai zu hauen,
hin durch das grüne Gras,
schenk' meinem Buhl die Treue,
die mir das Liebste was,
und bitt', daß sie mag kommen,
all vor dem Fenster stahn,
empfang'n den Mai mit Blumen,
er ist gar wohlgetan.

(Altes Volkslied um 1600)

Sicher war die Zuneigung groß, wenn ein Mädchen solch einen prächtigen Liebesmaien gesteckt bekam.

Nicht nur Hexen, Dorfbuben und angehende Rekruten waren in der Nacht auf den 1. Mai unterwegs, sondern auch junge Männer auf Freiersfüßen. Seit dem frühen Mittelalter besteht der Brauch, seinem Mädchen einen „Maien“ zu stecken, ein mit bunten Bändern geschmücktes Birken- oder Tannenbäumchen, das an der Eingangstür ihres Wohnhauses oder an ihrem Zimmerfenster angebracht wurde. Alle Welt wußte dann, daß das Mädchen vergeben war und daß vielleicht bald mit einer Verlobung zu rechnen war. Dieser „Liebesmaien“ hatte auch ein Gegenstück: der „Schandmaien“ als Zeichen des Spotts. Das konnte ein Reisigbüschel, ein Stallbesen, Dornenzweige oder gar ein Strohmann sein, die von Spöttern vor einem Fenster oder an der Haustür aufgesteckt wurden. Dann hieß es früh aufstehen, um das „Schandbüschele“ zu entfernen. Spuren aus Spreu oder Kalkbrühe zeigten, wo eine Liebschaft geheimgehal-

Ein festliches Ereignis im Dorf war der Maitanz, bei dem auch Tanzspiele veranstaltet wurden. Hier wird ein mit Buchs umwundenes Geschenkbäumchen während des Tanzens weitergereicht. Wer es in der Hand hält, wenn die Musik unterbricht, darf ein Geschenk abnehmen.

ten werden sollte. Auf dem Land werden heute noch Maien beiderlei Art gesteckt.

Ehrenbäume bekamen Schultheiß und Wirt. Vom Wirt erwartete man sich natürlich ein Freibier dafür.

Der Maibaum

Geschmückte Tannen oder Birken, die den Mai über im Mittelpunkt des Dorfes aufgestellt sind, kennt man nachweisbar seit dem 18. Jahrhundert. Der glatte, erkletterbare, oben mit einem Kranz geschmückte Maibaum ist schon seit Beginn des 16. Jahrhunderts belegt. Ortsmaibäume sollen sich aus Handwerkerbräuchen der Barockzeit entwickelt haben. Von da stammt der Brauch, den Maibaum mit den Zeichen der ortsansässigen Handwerker zu versehen.

Im Wettstreit mit den Nachbargemeinden möchte jeder Ort den schönsten und höchsten Maibaum haben. Tannen werden bis zum Wipfel entrindet und dann mit Girlanden sowie Kränzen aus Tannengrün geschmückt. Bunte Bänder wehen von den Kränzen herab, oder sie werden an Birkenzweige geknüpft. Früher wurde ein Maibaum in aller Heimlichkeit gefällt, geschmückt und aufgestellt. Heute ist das Maibaumaufstellen Anlaß zur Geselligkeit und wird meist von den Vereinen im Ort organisiert. Unter dem Maibaum sitzt man zusammen, singt die vielen schönen Maienlieder und vergißt auch das Essen und Trinken nicht. Bewacht werden muß der Baum nach wie vor die ganze Nacht, denn oft wird er von den Burschen aus der Nachbargemeinde entwendet und muß mit Freibier wieder ausgelöst werden.

Mailehen

Früher war in ganz Deutschland unter den jungen Leuten der Brauch des „Mailehens“ verbreitet, nämlich sich zum 1. Mai eine Maibraut zu wählen oder zu ersteigern. Die Burschen, die die unverheirateten Mädchen des Dorfes als Partnerin bekamen, übernahmen damit die Pflicht, für eine bestimmte Zeit – das konnte nur den Mai über oder für ein ganzes Jahr sein – das Mädchen auszuführen, zum Tanz zu begleiten, ihm Aufmerksamkeit zu erweisen. Natürlich steckten sie ihrer „Maibraut“ auch einen Maien. Die Mädchen hatten als Maibräute die Pflicht, ihren Maimann anzuerkennen. Nicht selten wurde aus dem Mailehen eine Ehe. An manchen Orten war es üblich, daß sich die Maipaare ein „Maikönigspaar“ wählten, das dann beim Maitanz oder bei einem Umzug besonders umfeiert wurde. Der Brauch soll auf das herrschaftliche Ehezwangsrecht aus dem 13. Jahrhundert zurückgehen. Dem Adel war dadurch das Recht gegeben, die Töchter der Untertanen nach Belieben zu verheiraten.

Maitaulaufen

Überlieferungen nach gingen die Menschen an den Maisonntagen in aller Frühe, möglichst vor Sonnenaufgang, singend hinaus in die Wälder und pflückten beim Gang durchs feuchte Gras Blumensträuße. Von diesen morgendlichen Gängen erhofften sie sich Gesundheit und Wohlergehen.

„Tag der Arbeit"

Der 1. Mai als Feiertag der Arbeiterbewegung wurde in Deutschland nach dem Ersten Weltkrieg durchgesetzt. Bereits 1890 hat die „American Federation of Labour" den Tag durch den internationalen Arbeiterkongreß zum verbindlichen Feiertag erklären lassen – als Demonstration für die von der Arbeiterschaft erkämpften sozialen Verbesserungen.

Christi Himmelfahrt

Eines der ältesten christlichen Feste ist Christi Himmelfahrt, das schon im 4. Jahrhundert belegt ist. Es wird 40 Tage nach Ostern gefeiert und fällt daher immer auf einen Donnerstag.

Viele Volksbräuche ranken sich um dieses Fest, von denen nur noch wenige bekannt sind. Am Himmelfahrtstag stand nach altem Glauben der Himmel weit offen. Unsere Ahnen baten deshalb an diesem Tag besonders um Segen für Haus und Felder, Schutz vor Unwetter und Abwehr aller Gefahr für Mensch und Tier, oft in Prozessionen, Bittgängen und Flurumritten.

Beim Gottesdienst wurde Christi Himmelfahrt sehr bildlich dargestellt. So zog man im Gottesdienst eine Christusfigur nach oben und ließ sie durch eine Luke in der Kirchendecke verschwinden. Dabei achteten die Bauern darauf, in welche Richtung sich die Figur beim Hochziehen drehte: von dort her „wehte der Wind", kamen also die gefürchteten schweren Sommergewitter. Durch die geöffnete Luke regnete es anschließend Blumen, Heiligenbildchen und für die Kinder auch Gebäck herunter. An manchen Orten wurde sogar eine brennende Teufelsfigur von oben heruntergelassen, deren Fetzen die Bauern mit nach Hause nahmen und als Schutzzeichen auf die Felder steckten.

Himmelfahrtskränzchen

Als Mittel gegen Blitzschlag galten die „Himmelfahrtsblümchen" (Katzenpfötchen oder Mausöhrlein, *Antennaria dioica*), die, morgens schweigend gepflückt und zu Kränzchen gewunden, in Haus und Stall aufgehängt wurden. Aber auch andere Pflanzen dienten diesem Zweck.

Himmelfahrtskränzchen. Zum Kranz gewundener Rotklee sollte, an Haus- oder Stalltür aufgehängt, vor Blitzschlag schützen.

Die Abbildung zeigt ein Kränzchen aus Rotklee, der um Christi Himmelfahrt auf allen Wiesen und an Feldrändern zu finden ist.

Rotkleekränzchen

Zum Binden kann man starken Faden nehmen, leichter geht es mit dünnem Blumendraht. Es empfiehlt sich, von der Drahtrolle einige Meter auf ein kleines Hölzchen abzuwickeln; so läßt es sich besser arbeiten. Die Stile der Blumen werden auf etwa 6 cm gekürzt. Man beginnt mit drei oder vier Blüten, die vorsichtig mit dem Bindedraht zusammengebunden werden, denn die frischen Stengel brechen leicht. Nun wird ein Blütenköpfchen an das andere angelegt und immer dicht unter der Blüte gebunden. Das gibt dem Kränzchen Halt. Die Rundung entsteht, indem auf der einen Seite des Stranges etwas mehr Blüten angelegt werden als auf der anderen. Bei etwa 35 cm Länge wird zum Kreis geschlossen. Dazu werden die Stiele unter die ersten Blütenköpfe geschoben und sorgfältig mit dem Draht umschlungen, dessen Ende zum Schluß auf der Rückseite befestigt wird.

Aufgehängt verliert das Kränzchen mit der Zeit die Farbe und trocknet ein. Aber auch dann sieht es noch lange Zeit hübsch aus. Auf diese Weise können alle frischen Blumen, deren Blütenblätter beim Trocknen nicht ausfallen, zu kleinen Kränzen gebunden werden. Größere Kränze benötigen einen Drahtreif.

„Himmelfahrtswurzel“ wurde der Aronstab genannt. Er schützte nicht nur vor Blitzschlag, sondern brachte seinem Finder auch noch Glück und Schönheit. Zudem ließ sein Wuchs Rückschlüsse auf das zu erwartende Erntejahr zu: kräftige Pflanzen deuteten auf eine gute Ernte hin. Im Badischen durften die jungen Burschen, die einen Aronstab im Wald fanden, hoffen, bald ein Mädchen zum Heiraten zu finden. Bald zu einem Bräutigam dagegen kamen die Mädchen, die sich beim Tanzen Aronstab-Blätter in die Schuhe legten. Kein Wunder, daß alle in den Besitz dieser Wunderblume kommen wollten. So drängten sie an Himmelfahrt, oft schon in der Dämmerung und mit Laternen versehen, hinaus in Wald und Flur, um die Blume zu suchen und schweigend zu pflücken. Von schweigend ausgeführten Handlungen versprach man sich größere Wirksamkeit.

An manchen Orten wurden zum Himmelfahrtstag Brunnen und Quellen geschmückt. In diesem alten Frühlingsbrauch, der mancherorts auch zu Ostern und Pfingsten gepflegt wurde, drückt sich die Dankbarkeit für das frische Wasser aus, die unsere Vorfahren bei vielen Gelegenheiten zum Ausdruck brachten.

„Höhengänge“ nannte man die in der Morgenfrühe des Himmelfahrtstages unternommenen Spaziergänge auf eine Anhöhe oberhalb des Dorfes. Tanz, Gesang und Schmaus ließen sodann die rechte Festfreude aufkommen. Heute werden an diesem Tag gern Ausflüge und Wanderungen unternommen. Zum „Vatertag“ wurde er seit 1939.

Vom Sommereinholen bis zur Erntezeit

Im Bayerischen Wald ist der in Stroh gehüllte „Pfingstl“ daheim.

Von Haus zu Haus zieht die Gruppe mit dem Pfingstl in der Mitte.

Die Blütenblätter der Pfingstrose wurden in manchen Gegenden als „feurige Zungen“ von der Kirchendecke herabgestreut.

Pfingsten

Einst zogen sich in der Zeit um Pfingsten noch einmal all jene Bräuche zusammen, deren gemeinsames Motiv im Begrüßen des Frühlings, im Wekken der Natur und in der Bitte um Segen für Feld und Flur liegt. Ein wenig davon kommt auch heute noch in den „Pfingstmaien“ oder „-buschen“ an den Türen von Haus und Stall zum Ausdruck.

Seit dem Jahr 425 feiern die Christen fünfzig Tage nach Ostern das Pfingstfest und zugleich die Gründung ihrer Kirche. Theologischer Inhalt des Festes ist die Ausgießung des Heiligen Geistes über die Apostel an Pentecostes, dem griechischen Wort für den 50. Tag nach Ostern. Symbol ist die Taube, durch die sich der Heilige Geist herabsenkte. In den Gotteshäusern wurde einst das Pfingstwunder durch von der Kirchendecke herabgelassene Blumen, brennendes Werg oder eine Taube dargestellt.

Volkstümliche Feste zu Pfingsten sind neben dem kirchlichen Bezug schon früh belegt, so seit dem 14. Jahrhundert Schützenfeste. Flurnamen wie Pfingstwiese und Pfingstanger weisen auf alte Festplätze hin. Beim Adel waren Ritterspiele und Turniere angesagt.

Auch die Bräuche zu Pfingsten sind oft nicht mehr bis zu ihren Ursprüngen zurückzuverfolgen. Sie haben sich mit anderen Frühjahrsbräuchen vermischt, haben sich verändert und neue Formen angenommen. Der folgende Brauch ist in vielen Abwandlungen zu finden.

Sommereinholen

Jetzt gilt es, den Sommer in festlichen Umzügen einzuholen und seine Freuden zu genießen. Es war Sache der Burschen, die Pfingstspiele zu organisieren und durchzuführen. Je nach Landschaft hatten diese Spiele ihre eigene Note; es wurden aber immer wieder dieselben Mittel benutzt: Feuer, Lärminstrumente, Stroh, Tannen- oder Birkengrün, Blumen. Auch die Figuren stellen, unter verschiedenen Namen, immer wieder dasselbe dar. Da ist als Hauptfigur der „Pfingstbutz“, der auch -lümmel, -quack, -nikkel, Wasservogel, Pfingstel oder Laubmann heißen kann. Er steht immer für den Letzten, den Faulen, der nun endlich auch da ist und in den Sommer einzieht. Mit Tannengrün oder Birkenlaub umhüllt und mit Blumen geschmückt, wird der Pfingstbutz in einem Umzug aus dem Wald geführt. In diese Rolle schlüpft meist ein Junge, der auch im täglichen Leben nicht zu den Schnellsten gehört. Nach der

Blumen und lange, schmale Hobelspäne werden zum prächtigen Kopfschmuck für das Vieh verwendet.

Aus den einstigen Pfingstumritten sind heute volkstümliche Reiterumzüge geworden (unten).

Ankunft im Dorf wird in kleinen Spielszenen dargestellt, daß nun der Sommer kommt und die Macht des Winters endgültig gebrochen ist. Mancherorts deutet dabei eine strohumhüllte Gestalt den vergangenen Winter an. Höhepunkt des Spiels ist, wenn der „Pfingstbutz" ins Wasser gestoßen wird – Sinnbild dafür, daß hemmende Kräfte nur überwunden werden können, indem man sie beherrscht.

Da und dort schlossen sich, ähnlich wie an Fastnacht, Heischebräuche an.

Pfingstbutz bin ich genannt,
Eier und Schmalz ist mir wohlbekannt,
lauter gute Sachen,
daß man kann einen Eierkuchen draus machen.

So oder ähnlich riefen die Burschen, wenn sie von Haus zu Haus zogen, um Eier, Milch, Mehl und Schmalz zu erbitten. Daraus wurden in einem gastlichen Haus oder in der Wirtschaft Pfannkuchen gebacken und gemeinsam verzehrt.

Auch für die Hirten und Hütebuben war der Pfingstmontag ein großer Festtag. Ehe sie tagaus, tagein auf den oft fernab liegenden Weiden ihren Hütedienst versahen, hatten sie diesen Festtag, den das „Pfingstgeld" vom Dienstherrn noch angenehmer machte. Selbstbewußt ritten sie auf den ihnen anvertrauten Pferden im langen Zug durchs Dorf, zu Reiterspielen und Wettkämpfen.

An das Sommereinholen schlossen sich Geschicklichkeitsspiele an, bei denen die Reiter ihr Können zeigten. Beim Ringelstechen wurde zwischen zwei Bäumen ein Seil gespannt, an dem ein Ring aus Holz befestigt wurde. Ein Reiter nach dem anderen trabte nun darauf zu und versuchte, mit einem Stock den aufgehängten Ring zu treffen.

Als im 19. Jahrhundert der Weidegang zurückging und damit auch der Beruf des Hirten fast gänzlich ausstarb, waren es die ledigen jungen Männer des Dorfes, die die Bräuche übernahmen. Oft waren diese Rekruten, wodurch sich der militärische Charakter der Spiele erklärt. Danach wurden manche Pfingstbräuche – dieser Vorgang läßt sich übrigens auch bei anderen Bräuchen beobachten – von den Kindern des Ortes ausgeübt und erlebten naturgemäß dadurch starke Veränderungen.

Weideauftrieb

Pfingsten war in vielen Landschaften die Zeit des ersten Weidegangs. Vor dem ersten großen Auftrieb auf die Sommerweiden trafen sich Hirten und Viehbesitzer in Kirchen und Kapellen zum gemeinsamen Gebet. Hirten und Herden wurden unter göttlichen Schutz gestellt.

Zum ersten Weidegang wurden die Tiere mit Blumen, Zweigen und bunten Bändern geschmückt – besonders reich war der Kopfschmuck der jeweiligen Leittiere einer Herde – und in festlichem Zug durch das Dorf geführt. Unsere nicht unbedingt schmeichelhafte Redensart, jemand sei „aufgeputzt wie ein Pfingstochse", erinnert an dieses Fest.

Grenzumgang

Als es noch keine Katasterämter gab, wurden zur Pfingstzeit die Eigentumsgrenzen abgegangen oder umritten. Dies geschah auf behördliche Anordnung und fand in jährlichen, mancherorts auch mehrjährigen Abständen statt. Kinder und Jugendliche, als die zukünftigen Eigentümer der Flurstücke, wurden bei diesen Gängen mitgenommen. Sie sollten von jung an die Grenzverläufe kennen, um später vom richtigen Verlauf Zeugnis geben zu können. Die Erwachsenen gingen manchmal sogar so weit, die Kinder an besonders markanten Stellen zu ohrfeigen, um den Grenzpunkt auf diese Weise stärker einzuprägen. Zuweilen bekamen sie nach diesem Gang Gebäck oder ein Geldstück. Bei den Begehungen schlichtete der Dorfvorsteher auch eventuelle Grenzstreitigkeiten.

Mädchen in der Fränkischen Schweiz tragen in der Fronleichnamsprozession die Statue der Mutter Anna. An solchen Festtagen legen sie ihre prunkvolle Tracht mit der Goldkrone an.

Als Flurkarten und Grundbücher eingeführt waren, hielten manche Gemeinden dennoch an den Grenzumgängen fest und ließen sie zu gemeindlichen Festen mit Flurumritten werden.

Brunnenfeste

Unzählige Pfingstbräuche verbinden sich mit dem Wasser. Das Wasser und seine Lebenskraft wird in vielen Religionen verehrt. Auch in den Volksmärchen tritt uns immer wieder die reinigende, verbindende und trennende Macht des Wassers entgegen. Stetig fließendes, reines Wasser galt unseren Vorfahren nicht als Selbstverständlichkeit, sondern war ein Segen, für den sie dankbar waren. Um Pfingsten, wenn die mühevolle Arbeit des Brunnen- und Bächereinigens abgeschlossen war, gaben sie in Brunnenfesten dieser Dankbarkeit Ausdruck. Dafür wurden die Brunnen mit Girlanden und allerlei Blumenzier festlich geschmückt. Auch „Pfingsteier“ wurden dazu verwendet.

Das bekannteste der noch gefeierten Brunnenfeste ist wohl das in Wunsiedel im Fichtelgebirge. Alle alten Brunnen der Stadt – nahezu 20 an der Zahl – werden aufs Schönste von den „Brunnengemeinschaften“ geschmückt und nacheinander in einem Umzug aufgesucht – begleitet von Musik und Gesang.

Fronleichnam

In die deutsche Sprache übersetzt heißt Fronleichnam „Herrenleib“. 1264 wurde das Fest, das auf eine Vision der heiligen Juliana von Lüttich zurückgeht, durch Papst Urban IV. als „Fest des Leibes Christi“ in die Reihe der kirchlichen Feste aufgenommen. Wie am Gründonnerstag gedenkt die Kirche auch an Fronleichnam des ersten Abendmahles, nun jedoch ohne die dunklen Schatten der Karwoche.

Blumenteppich in Hüfingen. Unzählige Blüten werden zu einem Teppich gefügt, über den der Priester mit dem Allerheiligsten schreitet.

Deshalb ist das Fest nach Abschluß des 50tägigen Osterfestkreises, am Donnerstag nach dem Dreifaltigkeitssonntag, angesetzt.

Fronleichnamsprozession

Die Fronleichnamsprozession bildet den Höhepunkt des Festtags. Prozessionen sollen zu Andacht und Mitfeier anregen und bringen die Einheit im Glauben zum Ausdruck, die die Teilnehmer miteinander verbindet. Neben den Ordensgemeinschaften waren auch hier Zünfte, Gilden und Vereine die ursprünglichen Träger der Veranstaltung. Prozessionsordnungen – größere Städte stellten sie schon im 14. Jahrhundert auf – werden auch heute noch genau eingehalten. Ursprünglich waren es Szenen biblischer Themen, die im Prozessionszug bildhaft dargestellt wurden. In den Alpenregionen gehen neben dem langen Zug der Betenden Schützengilden in Tracht, Frauen in ihren kostbaren alten Gewändern und junge Mädchen und Burschen, die Fahnen, bekränzte Bilder und Statuen mittragen.

Aus dem späten Mittelalter sind Fronleichnamsspiele bekannt, als deren größtes in Deutschland das Künzelsauer Fronleichnamsspiel genannt wird.

Große Prozessionen zu den vier Stationsaltären für die vier Evangelien, mit prächtigen Blumenteppichen, mitgetragenen Heiligenfiguren und begleitenden Musikgruppen werden heute nur noch an wenigen Orten durchgeführt.

Blumenschmuck und Fahnen

Viele geschickte Hände und eifriger Einsatz sind nötig, wenn die prachtvolle Auszier der Altäre, die Blumenteppiche und der Schmuck an Häusern und Straßen rechtzeitig fertig werden soll. Da heißt es früh aufstehen und zusammenhelfen. Die ganze Familie und ihre Nachbarschaft übernahm die Ausschmückung eines der Altäre und ihrer Häuser.

In den Kirchenfarben Gelb und Weiß säumen Fahnen im Wechsel mit Birkengrün und Blumen den Weg, den der Priester mit dem Allerheiligsten geht. Über ihn wird ein Baldachin, der „Himmel", gehalten. Alle Häuserfronten, entlang derer sich die Prozession bewegt, tragen Festtagsschmuck, und manches Fenster wirkt mit seinen darin aufgestellten Heiligenfiguren und -bildern, Kerzen und Blumen selbst wie ein kleiner Altar.

Blumenteppiche zu Fronleichnam kennt man bei uns erst seit Beginn des 19. Jahrhunderts. Jene von Hüfingen und Bad Krozingen sind besonders schön und weit bekannt.

Bitte um Segen

Segen für Mensch, Vieh und Felder erbitten die Gläubigen in den Prozessionen und vor den Altären. Früher wollten die Menschen ein äußeres Zeichen des göttlichen Segens in Händen halten. So kam es zu dem Brauch, daß an den Altären Körbe mit Kräutern aufgestellt wurden, aus denen die Gläubigen Büschel mit nach Hause nahmen. Wenn die Ernte begann, steckten sie sie zu Sträußchen gebunden an die erste Garbe. Auch die Zweige des gesegneten Birkengrüns wurden daheim in Haus und Stall aufgesteckt, zum Schutz vor allem Bösen. In Bayern lagen um die Altarkerzen kleine Blumenkränzchen, die ebenfalls nach der Prozession gern mit nach Hause genommen wurden.

Johannistag

In der Zeit der Sommersonnenwende liegt der Geburtstag Johannes' des Täufers – gleichsam als Gegenpol zu Christi Geburt in der Zeit der Wintersonnenwende. Das Wort des Johannes – „Er muß wachsen, ich aber muß abnehmen" – hat so doppelte Bedeutung und gibt dem großen Wendetermin im kosmischen Jahreslauf seine geistige Entsprechung. Indem die Kirche den Geburtstag Johannes' des Täufers auf den 24. Juni legte, konnten die Menschen ihre alten, mit der Sommersonnenwende verbundenen Bräuche gleichsam „legal" auf den christlichen Johannistag übertragen –

Bräuche, die meist Feuer und Wasser als Brauchelemente in sich trugen.

Johannisfeuer, Semmesfeuer, Sonnwendfeuer, Himmelfeuer

Die Tage werden um einen Hahnenschrei kürzer, sagt der Volksmund. Kunstvoll wurden am frühen Abend auf Hügeln und Bergen rings um die Dörfer große Holzstöße aufgerichtet. Die reinigende Kraft des Feuers spielte an diesem Tag, der seit jeher im alten Volksglauben als ein Tag großer Heilskräfte galt, eine besondere Rolle. Hirten trieben ihr Vieh durch die Glut und erhofften sich dadurch Schutz vor Krankheit.

Als später der Brauch, Feuer anzuzünden, von der Dorfjugend übernommen wurde, sprangen die jungen Leute selbst über die Glut, einzeln oder paarweise. Auch dabei bat man um gutes Wachstum. Beim Johannisfeuer hieß es: wer am höchsten springt, dessen Eltern erhalten die meiste Frucht und das Korn wird so hoch, wie der Sprung über das Feuer mißt. Die Jugend hatte natürlich ihren Spaß beim Springen und Hüpfen und wollte mit Sicherheit auch zeigen, wer es am geschicktesten anstellte. Waren die Mutproben beendet, erklangen Lieder zu Reigen um den glühenden Holzstoß. Bevor aber das Feuer entfacht werden konnte, sammelten die jungen Leute im Dorf das Holz ein, und jeder Haushalt, wenn ihm an einer guten Ernte gelegen war, gab etwas dazu. Mit Sprüchen, von denen eine ganze Reihe überliefert ist, zog man von Haus zu Haus.

Hansblumen

Weil Johanni, wie Weihnachten, als Tag besonderer Heilskräfte galt, sammelte man am „Hanstag“ gern Tee- und Heilkräuter. Das Johanniskraut *(Hypericum perforatum)* half bei vielen Leiden. Es wird auch heute noch gern gesammelt, zu Tee aufbereitet oder in Alkohol oder Öl angesetzt und äußerlich bei Hexenschuß, Verstauchungen und Blutergüssen angewandt.

Johanniskrautöl

Frisch gezupfte Blüten übergießt man in einem hellen Glasgefäß mit Olivenöl und läßt sie verschlossen an einem warmen, hellen Ort stehen. Nach etwa sechs Wochen nimmt das Öl eine leuchtend rote Färbung an. Durch ein Sieb läßt man das Öl ablaufen und preßt den Blütenrückstand noch etwas aus.

„Hansblumen“ sind Kornblumen, Klatschmohn und Rittersporn, die um diesen Tag herum in schönster Blüte stehen. Sie wurden gegen Blitzschlag ins Haus geholt. Blätter und Beeren der Johannisbeere galten im Volk als Mittel gegen Gicht. Die Hausfrau buk da und dort ihre Holderküchlein. Die Blütendolden des Holunders werden in Pfannkuchenteig getaucht und ausgebacken. Der Johannistag hieß deshalb auch „Holdertag“.

Da um die Zeit der Sonnenwende meist mit einem Wetterumschwung zu rechnen war, gibt es viele Wetterregeln zu Johanni.

„Wenn Johanniwürmchen schön
leuchten und glänzen,
kommt Wetter zur Lust und im
Freien zu Tänzen.
Verbirgt sich das Tierchen
bis Johanni und weiter,
wird's Wetter einstweilen nicht
warm und nicht heiter."

Baden am Johannistag

Wiederum an Johannes den Täufer erinnert der Brauch, in der Nacht in Flüssen und Seen schweigend ein Bad zu nehmen. Fast die ganze Johannisnacht verbrachten manche Menschen im Wasser und erhofften sich davon besonderen Schutz. In manchen Gegenden galt später der Johannistag als Unglückstag, weil immer wieder Menschen durch das Bad zu Tode kamen.

Der Glaube an die läuternde und schutzbietende Kraft des Wassers zeigt sich in der Sitte, zu Johanni Brunnen zu reinigen, sie zu schmükken und zum Mittelpunkt eines Festes zu machen.

Mariä Himmelfahrt

Einer Legende nach sollen die Apostel, als sie nach Mariä Tod das Grab aufsuchten, im leeren Grab Blumen und Kräuter gefunden haben.

Möglicherweise hängt mit dieser Legende der Brauch zusammen, am Tag Mariä Himmelfahrt, am 15. August, vor oder nach dem Gottesdienst in den Kirchen heilbringende Kräuter segnen zu lassen. Da Marienverehrer die Tugenden Mariä gern mit der Schönheit und Reinheit der Blumen vergleichen, kann die Blumen- und Kräuterweihe zu ihrem hohen Festtag auch als Huldigung an Maria betrachtet werden.

Andere Bezeichnungen für Mariä Himmelfahrt sind „Großer Frauentag", „Mariä Würz-" oder „Mariä Kräuterweih". Viele Künstler nahmen das Thema der Aufnahme Marias in den Himmel zum Motiv für Altarbilder. Oft wird Maria inmitten von Blumen, besonders von Rosen und Lilien, dargestellt. So tragen auch Blumen ihren Namen, wie Marienglokkenblume, Madonnenlilie, Mariendistel.

Nicht nur Kräuterweihen, auch Prozessionen sind zu diesem Tag alte Formen der Festgestaltung. In feierlichem Zug werden Muttergottesstatuen mitgetragen und Marienlieder gesungen. Der Prozessionsweg ist mit Blumenschmuck gesäumt, blumenstreuende Kinder gehen dem Zug voraus.

Kräuterweihe

Kräuter dienen seit alters her den Menschen zu Heilzwecken. Sie sind ein Segen aus der Natur, sie wachsen zum Wohle von Mensch und Tier, sie heilen und wirken. Das ist ein Grund zur Dankbarkeit, und sicher bringt man Kräuter auch deshalb vor den Altar. Welche Jahreszeit hält sie üppiger und vielfältiger bereit als der sonnendurchflutete Hochsommer? In der Sonne entfalten sie höchsten Wohlgeruch und ihre ganze Kraft zur heilsa-

Der Kräuterbüschel wird aus mindestens neun verschiedenen Kräutern gebunden und zum Segnen in die Kirche gebracht.

men Wirkung. Wir kennen den Brauch, geweihte Kräuter, Blumen oder frisches Grün zum Segen für Mensch und Tier im Haus zu verwahren, schon von anderen Festen. An Mariä Himmelfahrt erfährt er seinen Höhepunkt.

Kräuterbüschel

Weihbüschel, Würzbüschel, Weih- oder Kräuterwisch sind neben anderen die Namen für die zum Segnen gebrachten Gebinde. Die Zusammensetzung ist regional verschieden. Mindestens neun Kräuterarten sollten jedoch dabei sein; in erster Linie solche, deren Heilwirkung am bekanntesten ist. In keinem Büschel darf die Königskerze fehlen.

Binden eines Kräuterbüschels
Gesammelt werden: Königskerze, Pfefferminze, Salbei, Schafgarbe, Kamille, Wermut, Liebstöckel, Dost, Johanniskraut, Thymian, Blutstropfen (großer Wiesenknopf), gemeiner Kümmel und andere Heilkräuter aus Flur und Garten.

Der Büschel wird um die Königskerze herum gebunden, die aus dem Strauß herausragen soll, und die Kräuter einzeln oder zu mehreren daran angelegt. Zur Auszier können auch einige Gartenblumen hinzugenommen werden. Die Stiele werden

mit Schnur oder Blumenbast zusammengebunden und mit farbigem Band oder buntem Kreppapier umhüllt. In manchen Gegenden konnte der Würzbüschel nicht groß und bunt genug sein. Tage zuvor suchten Kinder und Frauen die nötigen Kräuter zusammen. Oft mußten von jeder Art drei Pflanzen eingebunden sein, auch Getreide und Zwiebeln gehörten dazu. Jeder bemühte sich, einen schönen Kräuterstrauß zur Kirche zu bringen. In manchen Gegenden war es Vorrecht der Haustochter oder der ersten Magd, den Würzbüschel zur Weihe und anschließend ins Haus zu tragen.

Die Sträuße wurden dann in Haus und Scheune zum Schutz gegen Blitzschlag aufgehängt. Gleichzeitig dienten sie als Hausapotheke, denn mit ihnen konnte stets ein Teeaufguß für die Kranken im Haus bereitet werden. Krankem Vieh wurden die Kräuter unters Futter gemischt. Mit getrockneten angezündeten Kräuterbüscheln wurden mancherorts in den Rauhnächten die Ställe ausgeräuchert.

In vielen Kirchen findet auch heute noch die Kräuterweihe statt.

Herbstzeit ist Erntezeit. Getreide und Kartoffeln waren die wichtigsten Grundnahrungsmittel. Ihre Ernte kostete viel Zeit und Mühe.

Die letzten Ähren hängen, zu einem Feierabendbüschele gewunden, das ganze Jahr hindurch im Haus.

Erntefeste

Wir pflügen und wir streuen
den Samen auf das Land,
doch Wachstum und Gedeihen
das steht in Gottes Hand.

Er sendet Tau und Regen
und Sonn- und Mondenschein;
von ihm kommt aller Segen,
von unserm Gott allein.
(Matthias Claudius)

Diese Worte drücken aus, was der Bauer empfand, wenn für ihn die Zeit der Ernte gekommen war. In Ehrfurcht und Achtung empfing er die Gabe Gottes.

Nach altem Brauch begann Ende Juli, meist um Jakobi (25. Juli), die Erntezeit. Schon im Frühjahr oder im zeitigen Frühsommer hatte der Bauer die oft von auswärts kommenden Schnitter bestellt. Bevor Maschinen die Arbeit erleichterten, wurden gerade zur Ernte viele Hände gebraucht, um das Getreide rechtzeitig einzubringen. Der erste Erntetag begann in vielen Gemeinden mit einer Erntebetstunde in der Kirche, zu der die Erntehelfer, geschmückt mit einem Sträußchen an Hut oder Mieder, auch ihre Arbeitsgeräte mitbrachten. Dort, wo dies nicht üblich war, trat der Bauer als erster aufs Feld, sprach ein Vaterunser oder „Das walte Gott" und ließ seine Arbeiter „in Gottes Namen" beginnen.

Die Sitte, die ersten drei Ähren – ausgerupft oder abgeschnitten – zu Hause ans Kreuz zu stecken oder zu Mariä Himmelfahrt in den Weihbüschel zu binden, war weit verbreitet. Mehr noch als die ersten Ähren wurden die letzten drei, sieben oder neun Ährenhalme beachtet. Hübsch zusammengebunden wurden sie als „Glückshämpfele", „Erntebüschele" oder „Feierabendbüschele" das ganze Jahr über sichtbar im Haus verwahrt. Im Frühjahr kamen die Körner dann zur neuen Aussaat.

Die letzte Garbe der Ernte wollten da und dort alle Erntehelfer gemeinsam binden und aufladen – in Erinnerung an die uralte Vorstellung, daß so der Korndämon gebannt werden konnte. Das letzte Feld mähten die Schnitter nicht überall ganz ab, sondern ließen eine kleine Ecke stehen, als Dank und damit im nächsten Jahr wieder etwas wachsen solle. Mancherorts wurde auch ein auf einen Pfahl gebundener Blumenstrauß zu einem Büschel schöner Ähren gesteckt.

Dem ersten und dem letzten Erntewagen kamen besondere Achtung zu. In manchen Orten war es der erste, in

Das „Glückshämpfele" besteht aus neun Ähren und wird nach der Ernte zum Dank an Haustür oder Scheunentor aufgesteckt.

den meisten jedoch der letzte Wagen, der geschmückt durch das Dorf in den Hof einfuhr. Mit Girlanden, Blumen und Kränzen oder mit einem aufgesteckten „Maien" putzten ihn Schnitter und Schnitterinnen aus und gingen, ihre Geräte geschultert, singend neben ihm her nach Haus. Den Maien nagelten sie später an das Scheunentor oder hängten ihn zum obersten Scheunenladen hinaus.

Sichelhenke

Das noch am längsten gefeierte Erntefest ist die „Sichelhenke", auch „Sichellege" oder „Niederfallet" genannt. Sie wurde gefeiert, wenn das letzte Brotgetreidefeld abgeerntet oder der letzte Erntewagen eingefahren war. War die Arbeit beendet, so sprach der Bauer auf dem Feld ein Dankgebet. Die Schnitter und Erntehelfer legten ihre Sensen und Sicheln dazu nieder oder knieten selbst zum Beten hin (Sichellege, Niederfallet). Auf dem Hof angekommen, wurden die Arbeitsgeräte bis zum nächsten Jahr im Gebälk der Scheune aufgehängt (Sichelhenke). Nun freuten sich alle auf den folgenden Sonntag, wo der Ernteabschluß mit Speis und Trank gefeiert wurde. Die Sichelhenke wurde auf allen Höfen, mehr oder weniger aufwendig, gefeiert. Im Mittelpunkt stand ein festlicher Schmaus, zu dem oft auch ein Fäßchen Bier oder Wein nicht fehlte. Bauer und Bäuerin bedankten sich damit bei ihren Helfern nach den anstrengenden Wochen der Erntearbeit.

Es war ein schöner Brauch, wenn die Erntehelferinnen wie in Südbaden ihrem „Herrn" zum Auftakt des Festes die Erntekrone oder einen Ährenkranz überreichten. Dazu sprachen sie den Erntespruch, dessen überlieferten Versen oft eigene folgten, die Anspielungen auf besondere Vorkommnisse während des Erntens zum Inhalt hatten.

Der Speisezettel war üppig und kam dem der Kirchweih gleich. Jeder konnte sich einmal richtig sattessen –

Alle Helfer waren glücklich, wenn die Ernte unter Dach und Fach war. In froher Erwartung sah man der Sichelhenke entgegen.

Die prächtige Erntekrone ist Zeichen des Dankes für reichen Erntesegen.

Neben der Getreideernte war auch das Einbringen des Flachses eine wichtige Arbeit.

das war das Jahr hindurch oft nicht der Fall. Erntekühle (Schmalzgebakkenes) gab es reichlich, und Gugelhupf stand immer bereit. Jedem Erntehelfer stand eine bestimmte Menge an Kuchen zu, und wehe dem Bauern, der sich nicht daran hielt: er hatte es nicht leicht, das nächste Mal Helfer zu bekommen, denn sein Geiz sprach sich schnell herum. Auch Pfarrer und Lehrer wurden bedacht. Die übriggebliebenen Speisen durften die Leute in mitgebrachten Tüchle nach Hause nehmen.

Spielte am Abend noch ein Musikant auf, waren Fest und Freude vollkommen. Wenn die Ernte „gut ausgab“, dauerte die Sichelhenke im Überschwang der Freude nicht selten drei Tage.

Von Kirchweih bis Martini

Kirchweih

Die Kirchweih war stets das Hauptfest der Landbevölkerung. Es hieß, daß ein Bauer eher Ostern und Weihnachten aufgab als die Kirchweih. Das ist verständlich, denn nach einem arbeitsreichen Sommer und vollends nach einer guten Ernte stand es jedermann zu, ein frohes Fest zu feiern. Der ursprüngliche Festgedanke, das Gedächtnis an die Einweihung der Kirche, trat dabei mehr und mehr zurück.

Einst begannen bald nach der Sommersonnenwende in den Gemeinden die Kirchweihen und zogen sich bis Martini. Seit dem 3. Jahrhundert wurden Kirchen gebaut und geweiht. Fast ebenso alt sind die alljährlichen Gedenktage, die – ursprünglich rein kirchliche Feste – schon im 9. Jahrhundert recht weltliche Züge annahmen, mit Schmaus, Tanz, Markt und Lustbarkeiten. Da jede Kirche an einem anderen Tag im Jahr ihren Gedenktag hat, nahm das Feiern der Kirmes, Kirbe, Kärwe oder wie sonst die Kirchweih in den verschiedenen Landschaften genannt wird, kein Ende. Dies war der geistlichen und weltlichen Herrschaft ein Dorn im Auge, und immer wieder wurden im Laufe der Jahrhunderte Erlasse dagegen ausgesprochen. Nachdem Verbote nicht fruchteten, wurde in Württem-

Im besten Sonntagsstaat fuhr man am Kirchweihtag zum Gottesdienst.

berg 1804 der Termin für die Kirchweihen einheitlich auf den dritten Sonntag im Oktober festgelegt. „Zum Besten der ökonomischen Verhältnisse der Unterthanen selbst, und zur Aufrechterhaltung der Sittlichkeit und guten Ordnung." Dabei sollte der Sonntag selbst ganz der religiösen Feier gewidmet sein, während am Kirchweihmontag und -dienstag dann „ordnungsgemäße Volks-Ergötzlichkeiten" gestattet waren. Die meisten Ortschaften hielten diese Verordnung ein und feierten am dritten Oktobersonntag die „Allerwelts- oder Landeskirchweih", auch „Freß-" oder „Saukirbe" genannt. Da und dort ließen sich die Bauern jedoch den eigenen Kirchweihtag nicht nehmen und feiern so bis zum heutigen Tag ihre Ortskirchweih.

Vorbereitungen

„Alte Rombombl, hol's Wergelholz (Wellholz) her,
es isch m'r net anderscht, als d'Kärwe bal wär!"

So sangen die Kinder in Süddeutschland auf den Straßen, wenn die Kärwe bevorstand. Überall waren Vorbereitungen im Gang. Stuben und Kammern wurden geputzt und getüncht. Die Bäuerin holte die fettesten Schinken aus dem Rauch, der

Bauer schaffte reichlich Wein und Bier in den Keller. Getreide wurde zum Müller gebracht, um feines Mehl zum Backen zu bekommen. Es wurde geschlachtet, gebraten und gekocht. In der Pfanne brutzelte das Schmalz für die vielen, vielen Küchle. Die Backöfen wurden nicht mehr kalt, denn „Kärweblooz" brauchte man gleich körbeweise. Blooz ist ein flacher Kuchen und wird in anderen Gegenden Blatz, Hitzkuchen, Flammkuchen u. a. genannt. Er hat einen Boden aus Hefe- oder Mürbteig und wird süß oder salzig belegt: mit Äpfeln, Zwetschgen, Rahm, Grieben, Eiern, Speck oder Zwiebeln, um nur einiges zu nennen. Jedem Erntehelfer stand zur Kärwe eine bestimmte Menge an Blooz, Weißbrot und Hefekranz zu, und da auch Pfarrer, Lehrer, Handwerker, Dorfarme und Bettler etwas erhielten, wurden auf großen Höfen bis zu 150 Kuchen gebacken. Keine Bäuerin wollte sich nachsagen lassen, zu wenig gebacken zu haben. So kam es vor, daß die Dorfbewohner nach der Kärwe eine Woche lang Kärwekuchen aßen.

Gesalzener Rahmblooz

Teig: 200 g Mehl, 60 g Fett (Schweineschmalz), 1 Prise Salz, $^1/_{10}$ l Milch.
Belag: 2 Becher saure Sahne, 3 Eigelb, Salz, Schnittlauch, Kümmel.

Die Teigzutaten zu einem glatten Mürbteig kneten, 30 Minuten kaltstellen, dann eine gefettete Form damit auslegen. Die Zutaten für den Belag glattrühren und die Masse auf dem Teig verteilen, reichlich Schnittlauch und etwas Kümmel darübergeben und Butterflöckchen aufsetzen. Backzeit etwa 30 Minuten bei 200 °C. Der Rahmkuchen sollte heiß gegessen werden.

Neue Kleider wurden zur Kärwe angeschafft, damit man sich sehen lassen konnte, wenn die Verwandtschaft zum festlichen Schmaus kam und man ins Wirtshaus und auf den Jahrmarkt ging. Im Wald wurden Tannenreisig und kleine Bäumchen geholt, um damit das Wirtshaus zu schmücken. Buntes Papier, in Streifen geschnitten oder zu Blumen gedreht, dienten zur Auszier.

Wenn's Kärwe isch

Wenn's Kärwe isch, wenn's Kärwe isch,
no stichd ma Vadder an Bouck,
no danzt ma Muader, no danzt ma Muader,
no waggelt ihr Bollarouck.

Wenn's Kärwe isch, wenn's Kärwe isch,
no stichd ma Vadder a Laus,
un wenn amol a Schneider kummt,
no hat mr Flaasch im Haus.
(aus Hohenlohe)

In manchen Orten, besonders im fränkischen Raum, wurde die Kirchweih nach feststehendem Zeremoniell begangen. Mit Antrinken und Einladen, mit Verkleidung und Ausgraben der Kärwe, mit Gesang und Musik ging es los, ehe am Nachmittag der Tanz begann. Zum „Kärweausgraben" zogen die jungen Burschen vor das Dorf, wo sie ein Loch gruben, aus dem dann symbolhaft die Kärwe her-

ausstieg. Ebenso wurde am Ende beim „Eingraben“ verfahren. Der Bauer führte seine Frau ins Wirtshaus. Hätte er diesen Höflichkeitsakt unterlassen, so wäre sie schwer beleidigt gewesen. Vierzehn Tage vorher wurde die Kärwe „angetrunken“; der Wirt wußte dann, mit wieviel Leuten er zur Kärwe rechnen mußte.

Ruhiger ging es im badischen Süden zu. Dort war die Kirchweih, besonders auf den abgelegenen Schwarzwaldhöfen, eher ein Familienfest. Im elterlichen Bauernhaus traf man sich zu traulichem Gespräch, ging festlich gekleidet gemeinsam zur Kirche und suchte darauf die Gräber der Angehörigen auf. Dann freute man sich auf den köstlichen Schmaus mit der ganzen Hausgemeinschaft. Vom Oberknecht bis zum Hütebuben – alle wurden an diesem Tag von der Herrschaft bedient und konnten essen und trinken, soviel sie wollten. Und das nicht nur am Sonntag; auch an den drei folgenden Tagen erwartete die Dienstboten ein reich gedeckter Tisch. Am Vormittag wurde gearbeitet, der Nachmittag war frei für Jahrmarkt und Wirtshausbesuch.

Auch in anderen Gegenden feierte man drei Tage Kirchweih. Im Fränkischen wurde dann die Kirchweihfreude begraben oder verbrannt, um im nächsten Jahr mit Lärm und Getöse wieder ausgegraben zu werden. Am Sonntag darauf ging es dann zur Nachkärwe in die Wirtschaft. Hier traf sich eine fröhliche Gesellschaft,

Zur Kärwe gingen auch die Frauen mit ins Wirtshaus und feierten ausgiebig.

die das Fest mit reichlich Speise und Trank und einem Tänzchen ausklingen ließ.

Tanz und Spiel

In Franken war es verbreitete Sitte, daß die Burschen ihre Mädchen zum Kirchweihtanz im Elternhaus abholten. Oft brachten sie einen Krug Wein mit und baten mit dieser höflichen Geste um Tanzerlaubnis mit der Tochter.

Tanzen lernten die jungen Leute häufig in Scheunen zum Klang einer Mund- oder Ziehharmonika. Da sie sonst wenig Gelegenheit hatten, sich so nah zu begegnen, war das Tanzen sehr beliebt. Polka, Galopp, Schottisch oder Walzer waren Modetänze aus der Stadt, die erst um 1900 auf dem Land getanzt wurden. Gesang und Tanz gehören zusammen, und so findet sich eine Fülle von Tanzliedchen.

Die Kirchweih hatte ihre besonderen Tänze, meist Tanzspiele, die gerne im Freien abgehalten wurden. Ein typischer Kirchweihtanz war der Hammeltanz. Hier gewann das Tanzpaar, das sich bei einem ertönenden Signal an einer markierten Stelle der Tanzfläche befand, einen Hammel. Der Hammeltanz bildete meist den Höhepunkt des Kärwetanzes. Auch bei anderen Tanzspielen konnte ein Preis ertanzt werden: eine schöne Haube, ein Hahn, ein Tüchlein. Mit Tanzspielen wie dem Kissentanz, dem Spiegel-, Hut- und Brezeltanz vergnügte sich die Jugend auch bei anderen gesellschaftlichen Anlässen.

Altes Tanzspiel
Neben dem Musikanten steht eine angezündete Kerze, in die fingerbreit unter der Flamme eine Münze gesteckt ist. Ein Strauß oder ein kleines Bäumchen, mit Taschentüchern oder anderen kleinen Geschenken behängt, wandert während des Tanzes mit dem Wechsel des Musiktaktes von Paar zu Paar. Wer den Strauß in Händen hält, während die Münze aus der Kerze fällt, hat etwas davon gewonnen.

Auch die Älteren liebten ein Tänzchen zu heiteren Klängen, doch ebenso hatten sie ihr Vergnügen am Würfel- oder Kegelspiel; auch Wetten und Preisschießen waren beliebt. Dabei waren als Preise kleinere Haushaltsgegenstände und landwirtschaftliches Gerät ausgesetzt. Für die Kinder war der Kärwebaum als Kletterbaum aufgestellt, den hinaufzuklettern und einen kleinen Preis zu erringen für die Buben Ehrensache war.

Jahrmarkt

Die alten Jahrmärkte, wie Jakobi-, Matthäus-, Michaeli- oder Georgimarkt, hingen ursprünglich mit kirchlichen Festen zusammen. Auch die Bezeichnungen „Messe“ und „Dult“ (von indulten = ablassen) weisen darauf hin. Wenn die Menschen an den jeweiligen Heiligengedenktagen ohnehin zur Kirche ins Pfarrdorf kamen, war dies eine Gelegenheit, dann auch Markt zu halten.

Ebenso war es an der Kirchweih, wo sich besonders große Märkte ent-

Der Markttag war für die Landbewohner eine wichtige Einkaufsmöglichkeit.

wickelten, denn im Herbst, wenn die Ernte unter Dach und Fach war, hatten Bauern und Dorfleute Geld zum Kaufen und Feiern, und auch die nötige Zeit dazu. Es waren Waren- oder Krämermärkte, die sich dem Kirchweihfest am Montag und Dienstag anschlossen. Hier versorgte man sich mit allem, was nicht selbst herzustellen war und das dörfliche Handwerk nicht anbot. Besondere Stoffe, Schmuck, Gerätschaften für Haushalt und Landwirtschaft, Bilder, Bücher und Spielzeug kaufte man neben vielem anderen auf dem Jahrmarkt. Bader und Quacksalber, Scherenschleifer und Schirmflicker boten ihre Dienste an. Für Unterhaltung war gesorgt. Schausteller und Komödianten, Seiltänzer, Puppenspieler, Moritaten-

Der Zauberer zieht mit seinen Künsten alt und jung in seinen Bann.

Neues wurde angeschafft, Zerbrochenes ersetzt (links).

Am Spielzeugstand konnten sich die Kinder nicht sattsehen, denn auf dem Land hatten die Kinder nur wenig Spielsachen.

Im Bayerischen Wald lebt der Brauch um die Totenbretter heute noch, die zum Gedenken an die Toten aufgestellt wurden.

sänger und Musikanten zeigten ihre Künste. Die Kinder tummelten sich vor den verlockenden Ständen mit Süßwaren sowie Spielsachen und standen vor der schweren Wahl, wofür sie ihren Kärwezehner ausgeben sollten.

Jahrmärkte waren der Höhepunkt der Volksvergnügungen und Treffpunkt aller Bevölkerungsschichten. Hier begegneten sich die Menschen der umliegenden Dörfer, es bot sich die Gelegenheit zur Brautschau, neue Arbeitsverhältnisse wurden vereinbart. Oft war der Marktbesuch regelrecht eingeteilt: an einem Tag waren die ledigen jungen Leute unterwegs, am anderen kamen vorwiegend Familien zum Einkauf.

Märkte waren wichtige wirtschaftliche Faktoren in einer Marktgemeinde, deren Entwicklung eng mit der Größe und Bedeutung ihres Marktes zusammenhing.

Allerheiligen – Allerseelen

Eine Reihe von Besinnungsfesten und Totengedenktagen liegt am Ende des Kirchenjahres. Die katholischen Christen begehen am 1. November das Fest zu Ehren aller Heiligen. Daran schließt sich Allerseelen an, das dem Gedächtnis aller Verstorbenen gewidmet ist. Der Volkstrauertag am zweitletzten Sonntag vor dem ersten Advent gedenkt vor allem der Gefallenen in den Weltkriegen. Ein evangelischer Feiertag ist der Buß- und Bettag am Mittwoch vor dem Totensonntag.

Schon im 4. Jahrhundert feierte die Christenheit im Osten einen Gedenktag für die Märtyrer. Nachdem im 7. Jahrhundert auch im Abendland ein Fest zu Ehren aller Heiligen heimisch geworden war, legte 835 Papst Gregor IV. das Datum auf den 1. November fest. Ein Gedenktag für alle Verstorbenen wurde rund 200 Jahre später, ausgehend vom Benediktinerkloster Cluny, eingeführt. Es ist der Allerseelentag, der am 2. November begangen wird. Die Reformation lehnte diese Gedenktage ab. Im Protestantismus kann allein Christus Fürsprecher bei Gott sein. Der Tag, an dem evangelische Christen besonders ihrer Toten gedenken, ist der Totensonntag. Ihn setzte Friedrich Wilhelm III. im Jahr 1816 als Gedenktag an die Gefallenen der Freiheitskriege ein.

Totengedenken und Gräberbesuch

Da Allerheiligen heute ein gesetzlicher Feiertag ist, hat sich das Totengedenken auf dem Friedhof von Allerseelen auf Allerheiligen verlagert. Tage zuvor wird von den Gräbern der verblühte Sommerflor abgenommen. Für sein winterliches Kleid werden immergrüne Gehölze über dem Grab ausgebreitet. Der zusätzliche Schmuck ist eher zurückhaltend und besteht meist aus einem Gebinde aus Zweigen und Moos, früher mit künstlichen, heute gern mit Trockenblumen und anderem haltbaren Naturmaterial geschmückt.

Die friedliche Stille über dem Gottesacker läßt auch die Besucher zur

Ruhe kommen, Gedanken an die Verstorbenen fassen und das eigene Leben und den künftigen Tod überdenken. Sie zünden am Grab ihrer Angehörigen ein Licht an, das symbolhaft auf Christi Auferstehung hinweist. Ausgehöhlte Rüben ersetzten früher, so im Tauberland, die Laternen. Ein eingeschnittenes Kreuz ließ das flakkernde Licht geheimnisvoll in die Nacht leuchten.

Allerseelentag im Volksglauben

Peter Rosegger erzählt dazu: „Da wird in der Steiermark an diesem Tag keine Tür und kein Tor etwa gewaltsam zugeschlagen, aus Furcht, eine arme Seele zu zerquetschen. Da wird kein Messer auf dem Rücken, kein Rechen mit den Zinken nach oben liegen gelassen, aus Vorsicht, daß nicht irgendeine arme Seele darüber stolpere, sich ritze oder schneide. Auch darf an diesem Tag keine leere Pfanne über dem Feuer stehen, damit sich nicht unversehens eine arme Seele hineinsetze und elend verbrenne. Ferner ist es unstatthaft, einem Frosch oder einer Kröte etwas zuleid zu tun, da man nicht wisse, ob nicht eine arme Seele in Gestalt dieser Tiere an ihrem Tage sichtbar werde."

Um Allerseelen, so glaubte man also, regten sich die Seelen der Verstorbenen. In Oberschwaben bekamen die Kinder Seelenwecken, „Seelen" genannt, damit sie für die Armen Seelen beteten. Firm- oder Taufpaten im Bayerischen beschenken ihre Patenkinder oft heute noch mit einem Seelenzopf. Armeseelenbrote wurden zuweilen auch aufs Grab gelegt. Im Chiemgau war es Sitte, die erste Schmalznudel, die zu Kirchweih gebacken wurde, den Armen Seelen zu opfern, indem man sie ins Herdfeuer warf. „Jetzt hat die arme Seele Ruh'" ist ein geläufiger Ausspruch, wenn ein lang gehegter Wunsch in Erfüllung ging. In der Oberpfalz rief man bei schwierigen Unternehmungen den Beistand der Armen Seelen an und dankte ihnen, wenn alles gutging. Das ganze Jahr über wurden sie in die Gebete eingeschlossen.

Seelenzopf

Aus Hefeteig werden daumendicke Stränge von etwa 20 cm Länge geformt. Jeweils drei werden schön gleichmäßig zu einem Zopf geflochten. Vor dem Backen werden sie mit Eigelb bestrichen und sollten noch etwas gehen.

Martini, Wendezeit

Martini (11. November) leitete den Winter ein. Im Dorf begann mit Beendigung der Feld- und Gartenarbeit eine ruhigere Zeit, der winterlichen Ruhezeit der Natur entsprechend. Die langen Abende wurden zu Arbeit und Geselligkeit genutzt. Nach der Stallarbeit und dem Nachtessen fanden sich die Hausbewohner, dazu oft Nachbarn und Bekannte, zu kleineren Arbeiten in der warmen Stube zusammen. Männer und Burschen reparierten Gerätschaften, flochten Strohbänder, putzten und schleißten Weide für Körbe, banden Besen, haspelten das Garn oder machten sich anders nützlich. Frauen und Mädchen saßen am Spinnrad, flickten, nähten oder strickten. Gleichzeitig verlasen Kinder Bohnen, Erbsen und Linsen oder drehten die Haspeln. Die Mädchen wurden ins Spinnen eingewiesen, was schon mit sechs, sieben Jahren geschah.

Sankt Martin

Der heilige Martin kam im Jahr 316 im heutigen Ungarn zur Welt. Aufgewachsen ist er in der Stadt Pavia, wo sein Vater im römischen Heer diente. Als Zwölfjähriger begegnete er dem Christentum. Zunächst mußte er nach kaiserlichem Gesetz ins Heer eintreten, wo er schon bald Offizier wurde. Achtzehnjährig ließ er sich taufen; bald darauf schied er aus dem Dienst aus. Bei Poitiers gründete er das erste Mönchskloster in Gallien. Seine Liebe, Güte und Herzlichkeit wurden zum Vorbild für viele. Im Jahr 371 wählte ihn das Volk zum Bischof von Tours. Auch als Bischof behielt er seinen bescheidenen Lebensstil bei, was ihm den Beinamen „Bischof der Armen und der Armut" gab. Nach seinem Tod – angeblich am 11. November 397 wurde er bei Tours bestattet – ernannte Chlodwig I. Martin von Tours zum „Schutzherrn der fränkischen Könige und des fränkischen Volkes". In Frankreich sind deshalb viele Ortschaften nach seinem Namen benannt.

Zahltag und Dienstbotenwechsel

„Martin ist ein harter Mann
für den, der nicht bezahlen kann."

An dem zu Martini gebräuchlichen Schmaus und Trank konnte sich der besonders freuen, der seinen Verpflichtungen nachgekommen war: der Tag war seit jeher ein wichtiger Abgabetermin. Waren es einst Naturalabgaben, die die Hörigen ihren Herren zu Martini entrichteten, so wurden später Geldgeschäfte aller Art an diesem Tag abgewickelt. Durch Ernte und Vieheintrieb war Geld im Haus. Nun konnten Pacht, Zins, Handwerkerrechnungen und Dienstboten bezahlt werden. Der Tag ihres Wechsels war für die Dienstboten Zahl- und Feiertag. Oft legten sie, ehe sie eine neue Stelle antraten, einige „Schlampertage" ein, um Verwandte zu besuchen oder sich auf den Vieh- und Krämermärkten zu vergnügen, die an vielen Orten zu Martini abgehalten wurden. Als gegen Ende des 19. Jahrhunderts durch die Erfindung der Dreschmaschine im Winter weniger Arbeitskräfte nötig wurden, entließ mancher Bauer zu Martini und stellte mit beginnender Frühjahrsarbeit wieder ein.

Schlachttag

Da nicht alles Vieh, das nun von der Weide kam, durch den Winter gefüttert werden konnte, setzte zu Martini die Schlachtzeit ein. Es mußten Fleischvorräte für den Winter angelegt werden. Durch Räuchern und Pökeln, später auch durch Einwecken, wurde das Fleisch haltbar gemacht. Frisches Fleisch gab es am Schlachttag selbst, wenn Helfer, Verwandte, Freunde und Nachbarn zur „Metzelsupp'" zusammenkamen.

Es war üblich, daß man den Nachbarn, die keinen Schlachttag hatten, Fleisch und Wurst brachte. So konnten die Familien mehrmals im Winter frisches Fleisch essen. Auch Lehrer und Pfarrer wurden bedacht. Die Dorfarmen kamen mit einem Gefäß, in das die Bäuerin neben Fleisch und Wurst auch eine kräftige Brühe hineingab. Dienstboten und Kinder konnten essen, soviel sie wollten – das kam nicht alle Tage vor.

Am Schlachttag wurde nicht gegeizt. Da gab es schon zu Mittag eine große Schüssel Kesselfleisch mit Kraut, Kartoffeln oder Brot. Das „Festmahl" mit einer ganzen Reihe von Gerichten war am Abend. Zu dessen Vorbereitung standen die Frauen viele Stunden in der Küche:

Gänse am Dorfteich.
... Gänsebraten, Gänsefett, weiche Federn für das Bett ...

Anstelle von Laternen nahmen die Kinder auch ausgehöhlte Rüben, in die sie gerne ein Gesicht schnitten. Auf einen Stab gesteckt, im Innern eine Kerze, so konnten diese „Geister" durch die Straßen getragen werden.

Nudelsuppe vom Rindfleisch
gekochtes Rindfleisch mit Meerrettich
Rinderbraten mit Nudeln
Schweinebraten mit Salat oder Kraut
Gänsefleisch

Als Nachtisch gab es Gugelhupf und Schmalzgebäck. „Martinischiffle", Martinswecken, -ringe und -küchle waren Geschenke an Dienstboten und Kinder. Junge Mädchen beschenkten ihre Verehrer damit. Noch heute wird Martinigebäck von den Bäckereien angeboten.

Martinsgans

Die Legende erzählt, daß sich Martin verbarg, als er von seiner Wahl zum Bischof hörte. In der Eile kroch er in einen Gänsestall, dessen Bewohner jedoch schnatternd den Eindringling verrieten.

Gänse wurden um Martini geschlachtet, weil sie nun, in der kalten Jahreszeit, nicht mehr auf der Weide gehalten werden konnten und das Durchfüttern im Stall zu aufwendig war. Sie landeten deshalb als knuspriger Braten in der Pfanne. Wie zu allen Wendeterminen spielte auch an Mar-

tini die Zukunftsdeutung eine große Rolle. So schloß man aus dem Brustbein der Gans auf die Witterung des bevorstehenden Winters. War es rötlich gefärbt, machte man sich auf einen harten Winter gefaßt, ein weißes deutete auf einen milden hin.

Martinstrunk

„Marteine, Marteine,
mach das Wasser zu Weine."

Zu Martini konnte der „Märteswein", der erste neue Wein des Jahrgangs, probiert werden. Die Winzer besorgten dies oft besonders gründlich; in geselliger Runde trank manch einer mehr, als gut für ihn war und mußte sich dann als „Martinsmann" verspotten lassen. Auch Pfarrer und Lehrer bekamen eine Kostprobe von der neuen Ernte, den „Martinstrunk".

Umtrünke zu St. Martins Ehren hießen im Mittelalter „Martinsminne". Bei den Katholiken begann nach Martini das Adventsfasten, und so war es verständlich, wenn sie am Martinstag noch einmal kräftig Speise und Trank genossen. Da Fässer und Vorratskammern gefüllt waren, ließ sich leicht gut leben. Heute noch laden am Martinstag viele Gasthäuser zum Gänsebraten ein.

Martinsumzug und Martinsritt

Wenn es Anfang November früh dunkelt und die kalten Winde das Laub von den Bäumen blasen, leuchten in Straßen und Gassen bunte Laternen und Lampions auf.

Martin ist ein frommer Mann.
Zündet ihm die Lichter an,
daß er's droben sehen kann,
was er Gutes hat getan.

Das Laternenlaufen ist ein Kinderbrauch, der von Holland über Norddeutschland in den Süden kam. Zunächst gingen die Kinder mit ausgehöhlten Rüben oder Kürbissen, in die sie ein Gesicht schnitten. Diese steckten sie auf Stäbe, zündeten im Innern eine Kerze an und ließen ihre Geister gespenstisch durch die Nacht leuchten. Heute werden Laternen vielfach in Kindergarten und auch Schule gebastelt. Mit selbstgemachten Lampions macht das Laternenlaufen besonders viel Spaß.

Rübengeist-Laterne

Von einer dicken Futterrübe (auch ein kleiner Kürbis eignet sich) wird das obere Fünftel als Deckel abgeschnitten. Mit Löffel und Messer geht es ans Aushöhlen, bis die Wand ringsum nur noch 2,5–3 cm dick ist. Der Boden sollte stärker bleiben, damit der von unten her eingebohrte Stab noch einen Halt hat. Augen, Nase und Mund werden nun nach Belieben ausgeschnitten. Um der Kerze im Innern Halt zu geben, bohren wir in die Mitte des Bodens eine kleine Vertiefung. Die Laterne kann mit oder ohne Deckel getragen werden. Wenn der Deckel eine Öffnung hat, brennt die Kerze besser.

In jüngerer Zeit wird in vielen Gemeinden, oft eingebunden in die Laternenumzüge, der Martinsritt szenisch dargestellt. Er beruht auf der Legende von der Mantelteilung: von Martin wird berichtet, daß er einst als junger römischer Offizier an einem kalten Wintertag zu Pferd unterwegs war und dabei einem Bettler begegnete. Dieser bat ihn frierend um ein Almosen. Martin teilte mit dem Schwert seinen weiten Mantel und gab dem Armen eine Hälfte. Martins Geste der Nächstenliebe steht seither als Zeichen für christliches Handeln schlechthin.

Nußmärte

An Martini trat im Fränkischen der „Pelzmärte“, „Nußmärte“ oder „Schellenmärte“ auf, gekleidet in Pelz oder grobes graues Tuch, mit Schellenriemen um den Hals und einer Rute in der Hand. Er kam abends in die Häuser und beschenkte die folgsamen Kinder mit Äpfeln, Nüssen, Märteswecken oder Märtesschiffle, einem viereckigen mürben Gebäck. Die Kinder erwarteten ihn freudig und ängstlich zugleich. Es waren also ähnliche Bräuche wie am Nikolaustag üblich. Martins- und Nikolausbräuche sind miteinander verschmolzen. So heißt auch der rauhe Geselle, der in vielen Orten Süddeutschlands am Nikolausabend oft zusammen mit dem Nikolaus umgeht, Pelzmärte.

. . . sind's gute Kind', sind's böse Kind'? Der Nikolaus machte nicht nur Geschenke. Er kam auch als Prüfer und Ermahner.

Advents- und Weihnachtszeit

Andreas, Barbara, Nikolaus und Thomas sind Heilige, deren Gedächtnistage in der Adventszeit liegen. Viele volkstümliche Bräuche verbinden sich mit diesen Tagen. Mit Andreas, am 30. November, wird die Reihe eröffnet.

Andreas

Er war erster Apostel Jesu und Bruder des Petrus. Als Apostel Kleinasiens wurde er im Jahr 60 hingerichtet; er fand den Tod an einem Kreuz mit schrägen Balken. Schräg überkreuzte Balken im Fachwerk haben von daher den Namen „Andreaskreuz".

Andreas lebte im Volksglauben als Künder der Zukunft. Im Dorf war am Andreasabend Geselligkeit und Leben: in vielen Häusern kamen die Mädchen zu den Spinnstuben zusammen, um nach getaner Arbeit die Zukunft zu befragen und einen Blick auf ihren Zukünftigen zu erhaschen. So wurde ein Apfel spiralförmig geschält und die möglichst lange Schale hinter sich geworfen. Konnte daraus ein Buchstabe gelesen werden, so sah man darin den Anfangsbuchstaben vom Namen des späteren Ehemannes.

Zu einem anderen Liebesorakel mußte das Mädchen zum Hühnerstall gehen und dort an die Tür klopfen. Krähte der Hahn, bekam sie bald einen Mann, gackerte die Henne, dauerte es noch eine Weile.

Sehr beliebt war das Bleigießen am Andreastag. Die im Wasser entstandenen Figuren deuteten auf Stand oder Gewerbe des Zukünftigen: ein brezelähnliches Gebilde auf einen Bäcker, ein Messer auf einen Metzger, ein Pferd auf einen Kavalleristen, Orgelpfeifen auf einen Lehrer. Der Phantasie waren bei der Auslegung keine Grenzen gesetzt.

Lichtelschwimmen

Ein Andreas-Orakel aus Böhmen ist das „Lichtelschwimmen". In eine große Schüssel gibt jedes Mädchen zwei Walnußhälften, in denen Kerzenstümpchen brennen. Eine Hälfte bezeichnet sie mit ihrem Namen, der anderen gibt sie insgeheim den Namen ihres Liebsten. Treffen sich die zusammengehörenden Nußschalen, wird wohl aus den betreffenden Personen bald ein Paar.

Wetterregel

Wenn es an Andreas schneit,
der Schnee hundert Tag'
liegenbleibt.

Barbara

Seit dem 14. Jahrhundert gehört die Heilige Barbara zu den beliebtesten Heiligengestalten. Sie lebte im 3. Jahrhundert als Tochter eines reichen Kaufmannes in Nikodemien. Als sie sich dem Christentum zuwandte, versuchte ihr Vater auf grausame Weise, sie davon abzuhalten und tötete sie schließlich. Schon bald nach ihrem Tod wurde sie heiliggesprochen. Ihr Leidensweg ließ sie zu einer beliebten Schutzpatronin werden: weil sie sich, so erzählt die Legende, auf der Flucht vor ihrem Vater in einer Felsenhöhle verbergen konnte, wählten die Bergleute sie zu ihrer Schutzheiligen. Noch heute zünden Steiger am 4. Dezember in den Stollen „Barbaralichter" an. Der Turm, in den ihr Vater sie einmauern ließ, war Anlaß für Bauleute wie Maurer, Zimmerleute und Dachdecker, sie zu verehren. Als Attribut trägt sie einen Turm. Weil ihr Vater zur gerechten Strafe bald nach ihrem Tod vom Blitz erschlagen wurde, wurde die Heilige Barbara angerufen, wenn Blitz und Donner tobten. Kirchen, die durch ihre Türme bei Gewittern besonders blitz- und feuergefährdet waren, wurden oft unter ihren Schutz gestellt. Feuerglocken taufte man gern auf ihren Namen. Neben St. Florian ist St. Barbara die Schutzheilige der Feuerwehrleute; desgleichen der Artillerie, deren Kanonen ja auch Blitz und Donner verbreiteten. Sie gehört zu den Vierzehn Nothelfern und wird als Beistand im Sterben angerufen. Ihr Ehrentag liegt am Anfang der hoffnungsvollen Zeit des Advent, weil sie als junge Glaubenszeugin einen beispielhaften Weg ging. Die zum Blühen kommenden Obstzweige sollen ihr Wesen symbolisieren.

Barbarazweige

Weit verbreitet und nach wie vor gepflegt ist die Sitte, am Barbaratag Zweige ins Haus zu holen und sie in der warmen Stube aufzustellen. Hier schwellen und treiben die Knospen. Wenn sie zu Weihnachten erblühen, ist dies Symbol für die Geburt Jesu, dem Sproß „aus der Wurzel Jesse". Zugleich verbanden sich früher verschiedene Orakel mit den blühenden Zweigen. Bauern schlossen von ihnen auf die Obsternte des kommenden Jahres; jungen Mädchen waren sie Liebesorakel. Sie gaben jedem Zweig den Namen eines Verehrers. Wessen Zweig zuerst blühte, konnte der künftige Mann sein. Wenn noch heute in manchen Familien jedem Mitglied ein Zweig aufgestellt wird, so verheißt der am schönsten aufblühende Zweig seinem Besitzer Glück im neuen Jahr.

Als Barbarazweige eignen sich neben Kirschen auch andere Obstgehölze und Forsythien. Ein Frost sollte über sie gegangen sein. Es ist gut, wenn man die Zweige vor dem Aufstellen eine Nacht lang in lauwarmes Wasser legt. Stehen sie dann in einem Gefäß im geheizten Zimmer, sollte man jeden dritten Tag das Wasser wechseln.

Wetterregel

Geht Sankt Barbara im Grünen,
kommt's Christkind im Schnee.

Nikolaus

Um Sankt Nikolaus, den volkstümlichsten Heiligen der Adventszeit, ranken sich unzählige Legenden; historisch gesicherte Angaben fehlen. In der Legende wurde das Leben des Bischofs Nikolaus angereichert mit

Überlieferungen aus dem Leben des Abtes Nikolaus, der rund 200 Jahre nach jenem lebte. Daß beide aus Kleinasien, der heutigen Türkei, stammen, trug zusätzlich zur Vermischung bei. Der Abt Nikolaus von Sion bei Myra wurde später Bischof von Pinara und starb im Jahr 564. Der Bischof Nikolaus ist schon um das Jahr 260 in Patara geboren und wurde um 300 zum Bischof von Myra gewählt. Sein Todestag ist nach der Überlieferung der 6. Dezember 343. Bereits im 6. Jahrhundert wurde er, zunächst in der griechischen, dann in der russischen und slawischen Kirche hoch verehrt. Seine Gebeine kamen 1087 nach Bari in Süditalien. Damit breitete sich die Verehrung seiner Person auch im westlichen Europa aus. Unzähligen Patronaten steht St. Nikolaus vor. Seine guten Taten ließen ihn zum Schutzheiligen der Fischer, der Flößer und aller Reisenden zu Wasser und zu Land, sowie der Kaufleute, Bäcker, Apotheker und Tuchmacher werden. Für Kinder und Schüler, Juristen und Gefangene ist Nikolaus Schutzpatron. Als dem Patron der Seefahrer wurden ihm unzählige Kirchen geweiht; St. Nikolaikirchen finden sich deshalb in allen Hafenstädten.

Aus der Fülle der Legenden sei die erzählt, in der das Gabenbringen durch St. Nikolaus seinen Ursprung hat. Ein verarmter Vater hatte drei Töchter, die er als Dirnen auf die Straße schicken wollte, um den Lebensunterhalt für seine Familie zu sichern. Um die Mädchen vor diesem Schicksal zu bewahren, band Nikolaus, der sehr vermögend war, Goldklumpen in ein Tuch und warf sie heimlich durch ein Fenster ins Haus des Mannes, der daraufhin seinen Töchtern die Hochzeit ausrichten konnte. Viele Darstellungen zeigen Nikolaus mit drei goldenen Kugeln in der Hand.

Unendlich viele und auch landschaftlich ganz verschieden ausgeprägte Bräuche knüpfen sich an St. Nikolaus und seine Begleiter. Bevor Weihnachten der Tag des Bescherens wurde, brachte der Nikolaus am 6. Dezember die Geschenke für die Kinder. Wo er nicht selbst kam, stellten die Kinder am Vorabend Schuhe, Strümpfe, Teller oder Schüsseln auf, in die er dann die Gaben legte: Äpfel, Nüsse, Backwerk, Kleidungsstücke und das eine oder andere Spielzeug. Als Gegengabe legten die Kinder Heu und Rüben aus, damit der Esel, auf dem der Heilige geritten kam, sich stärken konnte.

Dort, wo man die Gestalt des Heiligen zu den Kindern ins Haus kommen ließ, erschien sie im Bischofsornat, mit Krummstab und Mitra. Ein furchteinflößender Begleiter folgte ihr. St. Nikolaus prüfte die Kinder in Glaubensfragen, ließ sie Gebete, Liedverse und Sprüche aufsagen, lobte und ermahnte sie. Wo härter durchgegriffen werden mußte, trat sein Begleiter mit der Rute in Aktion. Durch St. Nikolaus wurde dem Anliegen der Kirche entsprochen, den Kindern Glaubensregeln nahezubringen und ihr Wissen zu überprüfen. Er erschien als gütiger, wohlgesonnener Heiliger – den Gegenpart des Bösen und Dämonischen erfüllte sein Begleiter.

Wie die Heiligenverehrung überhaupt lehnten die Reformatoren auch die Nikolausverehrung ab. Nach Luther sollte nicht der Nikolaus, sondern das Christkind die Gaben bringen. Darunter war jedoch nicht das Kind in der Krippe zu verstehen, sondern ein engelgleiches Wesen, das in Weihnachtsumzügen und Krippenspielen die Engelschar anführte.

Nach und nach hat sich bei uns der Tag der Bescherung vom Nikolaustag auf Weihnachten verlagert. Nur in manchen Nachbarländern, wie den Niederlanden, ist es nach wie vor St. Nikolaus, der die Geschenke bringt.

Knecht Ruprecht

Die strafenden Begleiter hießen in Süddeutschland Knecht Ruprecht, Pelzmärte, Krampus, Pelznickel, Schante-Klos oder hatten andere Namen. Sie traten in grobem Pelz oder in Stroh gehüllt auf, waren mit Schellen behängt oder rasselten mit Ketten, trugen Rute und Sack und sollten die Kinder durch Angst und Schrecken einsichtig und gefügig machen.

Im Zeitalter der Aufklärung wurde immer wieder der Wunsch laut, die den Nikolaus begleitenden Schreckgestalten abzuschaffen. Doch erhielten sie sich bis heute, wenn auch nicht mehr in der furchteinflößenden und zuschlagenden Art. Vielfach tritt in der heutigen Zeit der Nikolaus auch allein auf, als eine Mischung beider Gestalten, die sowohl lobt als auch straft.

Der Weihnachtsmann ist eine recht junge Erscheinung: im 19. Jahrhundert trat diese, im Volk bis dahin nicht bekannte Gestalt, auf. In ihr sind vorchristliche, katholische und evangelische Elemente enthalten. Der Maler Moritz von Schwind zeichnete 1847 für die „Münchner Bilderbogen“ eine Figur als „Herrn Winter“, die er mit Kapuzenmantel, hohen Stiefeln, langem weißem Bart und einem Kerzenbäumchen ausstattete. Aus ihr ging der heutige Weihnachtsmann hervor, der vor allem in protestantischen Landen rasch an Popularität gewann, während sich in katholischen Gebieten St. Nikolaus behauptet hat.

Klausenhölzer

Seit der Barockzeit kennt man in katholischen Gegenden die Holzstöckchen, in die die Kinder für jedes gelernte und aufgesagte Gebet, für jede besuchte Messe und jede gute Tat eine Kerbe ritzten. An ihnen las dann St. Nikolaus bei seinem ängstlich erwarteten Besuch den Fleiß der Kinder ab und ließ Lob oder Strafe folgen. Anschaulich schildert dies Heinrich Hansjakob (1837–1916) in seinen Lebenserinnerungen „Der Wälderbub“.

Thomas

Als Zweifler und Ungläubiger wird dieser Apostel im Johannesevangelium geschildert: erst nachdem er seine Finger an die Wundmale Christi gelegt hatte, glaubte er an dessen Auferstehung. Wegen seines Unglaubens bekam er der Legende nach den kürzesten Tag des Jahres, den 21. Dezember, als Gedenktag zugedacht.

Die Wintersonnenwende, auf deren Termin der Thomastag liegt, ist in verschiedenen Landschaften die erste der „Zwölf Nächte“, in denen bestimmte Arbeitsverbote herrschten. Dazu gehörte das Spinnen. Es galt: nach dem Thomastag durfte sich keine Spule mehr drehen. Deshalb arbeiteten die Mädchen vor und machten die Thomasnacht zur Durchspinnnacht, in Baden „Bleibauf“ oder „Durchsitz“ genannt. Weil sie nicht unentwegt spinnen konnten, vertrieben sie sich die Zeit mit allerlei Kurzweil. Die jungen Burschen kamen dazu und hielten die Mädchen mit Spiel und Tanz wach. Sie wurden mit Schmalzgebackenem und Lebkuchen bewirtet.

Mehr noch als in der Andreasnacht wurde in der Thomasnacht versucht, die Zukunft zu erfahren. Die heiratslustigen jungen Mädchen befragten die vielfältigsten Liebesorakel. Sie gossen Blei, um Gestalt und Beruf ihres Zukünftigen zu erfahren. Sie stellten in der Nacht ein Gefäß mit Wasser vors Fenster und lasen am anderen Morgen aus den Formen der entstandenen Eisblumen etwas über die Eigenschaften ihres künftigen Schatzes. Sie gingen rückwärts zu einer Holzbeuge und zogen ein Scheit heraus. So gerade oder krumm es gewachsen war, war auch ihr späterer Mann gewachsen. Sie schauten um Mitternacht in den Spiegel und hofften, ihren Liebsten zu erblicken. Sie warfen einen Schuh über ihre Schulter; aus der Richtung, in die die Schuhspitze zeigte, würde ihr Mann kommen. Dies alles mußte, um wirken zu können, schweigend geschehen. Damit der Zukünftige ihnen im Traum erscheine, traten sie in der Nacht mit dem Spruch an ihr Bett:

Thomas, ich bitt dich,
Bettstatt, ich tritt dich,
daß du mir lassest erscheinen
den Herzallerliebsten meinen,
wie er ist und wie er geht,
wie er leibhaftig vor mir steht.

Am Thomastag erschien da und dort der Thomasengel als Gabenbringer. Dazu wurde vom oberen Stockwerk des Hauses eine ausgestopfte Puppe herabgelassen, die in einem Korb Äpfel und Nüsse mitbrachte.

Wer zur Wintersonnenwende eine Schüssel mit Obst und Nüssen auf den Tisch stellte, sollte im kommenden Jahr keinen Mangel daran leiden müssen.

Advent

Die Adventszeit (von lat. adventus = Ankunft) umfaßt die Zeitspanne der vier Sonntage vor Weihnachten und dient der geistigen Vorbereitung auf die Ankunft Christi. Sie ist eine der „Geschlossenen Zeiten“ im Jahr, in denen sich die Menschen durch Buße, Beten und Fasten auf ein bevorstehendes großes Fest einstellen sollen.

„St. Kathrein
stellt den Tanz ein.“

Mit kunstvoll geschnitzten Holzmodeln werden die ‚Springerle' ausgeformt. Sie finden auch als Baumschmuck Verwendung.

An St. Katharina (25. November) durfte vor Beginn des Advents ein letztes Mal zum Tanz aufgespielt werden. In der „Stillen Zeit" hielt man keine öffentlichen Vergnügungen, Tanzveranstaltungen oder Hochzeitsfeiern ab. Kinder wurden in der Adventszeit in Glaubensfragen unterrichtet und geprüft. Mit dem Ersten Advent beginnt das neue Kirchenjahr.

Die Vorbereitung auf die Ankunft des Herrn war eine Zeit der Besinnung. Bevor das Weihnachtsgeschehen von Kommerz und Konsum überlagert wurde, fanden die Menschen die Ruhe, die zur inneren Einkehr nötig ist. Sie konnten sich auf das bevorstehende Ereignis konzentrieren. Die äußeren Vorbereitungen beanspruchten wenig Zeit. Das Backen machte keinen großen Aufwand; erst einige Tage vor dem Fest wurde damit begonnen. Das Schenken bereitete wenig Kopfzerbrechen. Kinder freuten sich über neue Socken oder Handschuhe aus Mutters Hand; vielleicht gab es auch einen neuen Griffelkasten oder für die Kleineren ein Püppchen. Am schönsten war, daß die ganz besonderen, empfindlichen Spielsachen wie die Puppenstube oder die Ritterburg alljährlich zu Weihnachten wieder auf dem Gabentisch standen. Das Beschenken unter Erwachsenen war auf dem Land nicht üblich.

Adventskranz

Schon in früher Zeit holten sich die Menschen im tiefen Winter immergrüne Zweige ins Haus, durch die sie sich vor den Mächten geschützt fühlten, die sie in der Dunkelheit vermuteten. Es war der evangelische Theologe Johann Hinrich Wichern, der um 1850 im „Rauhen Haus", einem Erziehungsheim in Hamburg, für seine Schützlinge den ersten Adventskranz schmückte. Dieser war zunächst ein mit Tannenzweigen umwundener großer Radleuchter, auf dem jeden Tag eine Kerze mehr angezündet wurde. Der langsam wachsende Lichterkranz – die Sonntage wurden durch größere Kerzen markiert – stimmte die Jugendlichen in feierlichen Andachten auf Weihnachten ein. Aus diesem schönen Brauch, von der Jugendbewegung um die Jahrhundertwende aufgegriffen, entwickelte sich unser heutiger Adventskranz mit den vier Lichtern für die Adventssonntage. Ursprünglich vor allem in protestantischen Familien gepflegt, ist er heute überall gebräuchlich und als Symbol der Vorweihnacht nicht mehr wegzudenken. Auf dem Land fand er in den zwanziger Jahren Verbreitung.

Adventskalender

Wie ein Kalender weist der Adventskranz Woche um Woche auf das nahende Weihnachtsfest hin. Dazu dachten sich schon damals einfallsreiche Eltern noch andere Kalender aus, mit denen sie ihren Kindern das Warten auf das Fest erleichtern und sie zu Geduld und Gehorsam erziehen wollten. Den ersten gedruckten Kalender mit 24 aufklappbaren Türchen, hinter denen sich Bilder verbargen, konnte man im Jahr 1903 in München kaufen. Kalender dieser Art fanden rasche Verbreitung. Doch immer noch fertigen Eltern gern selbst Kalender für ihre Kinder an.

Selbstgebastelter Adventskalender

Auf einen Zeichenkarton in DIN A3-Format wird der Vordergrund des Bildes – Stall, Tannenwald und Himmelsbogen – aufgemalt und ausgeschnitten sowie die Stalltür eingeschnitten. Ein zweiter, gleichgroßer Karton dient als Hintergrund. Auf ihn wird in den Bildausschnitt ein nächtlicher Sternenhimmel und hinter die Stalltür Josef, Maria und die Krippe gemalt. Dann werden die Kartons aufeinandergeklebt. Der Weihnachtsstern mit Schweif wird ausgeschnitten und goldgelb angemalt. Auf seine Rückseite wird eine kleine Lasche halb aufgeklebt. Zuletzt werden mit einem scharfen Messer in gleichmäßigen Abständen über dem Stall 23 Einschnitte angebracht, in die die Lasche des Sterns paßt. Die Stalltür kann man mit einem Riegel aus Karton verschließen. Vom 1. Dezember an wandert der Stern Tag für Tag ein Stückchen näher dem Stall zu. Am 24. darf die Stalltür geöffnet werden.

Frautragen und Herbergssuche

In katholischen Gegenden begegnet man heute noch dem „Frautragen", einem Brauch, der an die Herbergssu-

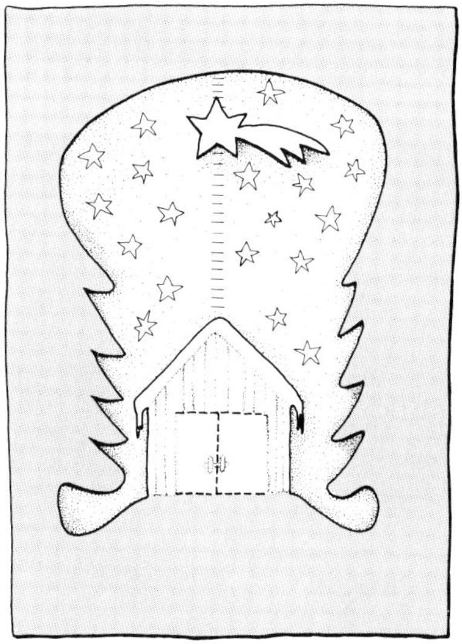

Jeden Tag senkt sich der Stern tiefer herab, bis er an Heiligabend über den Stall gekommen ist.

che erinnert. Eine Marienstatue oder die Figuren von Maria und Josef werden unter Beten und Singen von Hof zu Hof getragen, wo sie nach festgelegtem Plan jeweils ein oder mehrere Tage beherbergt werden. Am Heiligen Abend wird die Figur von der Familie, bei der sie zuletzt stand, zur Christmette gebracht.

Klopfnächte

„Klopfet an, so wird euch aufgetan.“ Mit diesem Bibelwort als Hinweis auf die Herbergssuche und den nahenden Erlöser erklärte im 15. Jahrhundert die Geistlichkeit den Sinn der Klopfnächte. Der ursprüngliche Sinn dieses Brauches ist sicher ein anderer. In den finstersten Nächten des Jahres war die Furcht vor den bösen Mächten am stärksten. Sie wollte man mit Lärm und Vermummung vertreiben. Der dämonenabweisende Gott Donar, Namensgeber unseres Donnerstages, sollte dabei behilflich sein. Deshalb führte man die Umzüge wohl an Donnerstagen durch.

Furchterregende vermummte Gestalten beherrschten in alter Zeit an den drei Donnerstagen vor Weihnachten Straßen und Gassen. An Türen und Fenstern machten sie sich durch lautes Klopfen mit Ruten, Stökken oder gar Hämmern bemerkbar und warfen Erbsen, Bohnen, Getreidekörner oder auch Steine gegen die Fenster.

Zu Beginn des 16. Jahrhunderts verbot die protestantische Obrigkeit die Umzüge in den Klopfnächten.

Mit kleinen Versen ziehen die Kinder von Haus zu Haus und bitten um Gaben.

Daß dieses Verbot nichts fruchtete, wissen wir, denn bis in unsere Zeit hinein blieben die Klopfnächte, in abgewandelter Form, lebendig. Ein Grund dafür ist sicher darin zu finden, daß es später Arme waren, die in diesen Nächten unterwegs waren und um ein Almosen baten. In der Zeit vor Weihnachten, so galt das Gebot, sollten Mildtätigkeiten und Nächstenliebe walten, und so konnten die Bedürftigen auf gebefreudige Hände hoffen.

Kinder übernahmen schließlich das Klöpfeln, die Anklopfete, das Anklöpferle, die Einreiche, den Säcklestag und wie diese Heischegänge sonst noch hießen. Unvermummt machten sie sich auf, um singend und mit einschmeichelnden kleinen Versen von Haus zu Haus zu gehen. Ihr mitgetragenes Säckchen oder Körbchen wollten sie gern prallgefüllt mit Hutzeln, Äpfeln, Nüssen und Backwerk nach Hause bringen. Es war durchaus nicht an allen Orten üblich, die Kinder bei jedem Umgang zu beschenken. Oft mußten sie dreimal kommen, also bis zum letzten Donnerstag vor Weihnachten warten, bis die Hausfrau das Gewünschte gab. Dieser dritte Donnerstag hieß dann auch „die rechte Anklopfete“.

Anklopf-Verse

Ich steh' vor der Tür
und klopf' so höflich an,
um Äpfelschnitz, um Birnenschnitz,
und um ein Marzipan.

Klopfen, klopfen, Hämmerle,
Herr und Frau im Kämmerle,
sehet einander freundlich an,
gebet einem auch ein Klopfen-an!

Weihnachten

„Wir feiern den 25. Dezember nicht wegen der Geburt der Sonne, wie die Ungläubigen, sondern wegen der Geburt dessen, der die Sonne erschaffen hat.“ Dieser Satz des Kirchenlehrers Augustinus aus dem 5. Jahrhundert macht deutlich, wie sehr der Kirche daran gelegen war, mit dem neuen Glauben die altverwurzelten religiösen Vorstellungen der Menschen zu verändern. Der große Wendetermin im kosmischen Jahreslauf, wenn die Sonne ihren tiefsten Stand überwunden hat und ihr Licht wieder zunimmt, war für viele vorchristliche Kulturen des europäischen und benachbarten Raums ein hoher Festtag. Er war im Mithraskult Geburtsfest des indischen Lichtgottes, bei den Ägyptern wurde die Geburt des Horus an diesem Tag gefeiert, die Römer begingen die „Saturnalien“ zu Ehren des Gottes Saturn, und die Germanen feierten das Mittwinterfest.

Im 4. Jahrhundert wurde auf dem Konzil von Nicäa der 25. Dezember zum Geburtsfest Christi ernannt. Es dauerte einige Zeit, bis sich das Weihnachtsfest im Abendland verbreitet hat. Die orthodoxen Christen feiern es noch heute am 6. Januar, dem Tag der Epiphanie. Für den deutschen Raum ordnete die Synode in Mainz im Jahr 813 das Christfest an. Im 14. Jahrhundert war es im gesamten abendländischen Raum verbreitet. Neben Ostern ist Weihnachten das höchste Fest der Christenheit. Es ist das große Fest der Versöhnung Gottes mit den Menschen, das Fest des Friedens und der Liebe. Mehr als jedes andere spricht es Herz und Gemüt an. Keines wird so vorbereitet, so von den Kindern herbeigesehnt und so feierlich begangen wie das Weihnachtsfest.

„Der Heiland ist geboren!“ riefen sich die Menschen zu, wenn Glockengeläut das Fest einläutete. Auch heute reichen sie sich zum Festgruß die Hand und wünschen „Frohe Weihnachten!“

In der Weihnachtszeit wurde von der Obrigkeit angeordnet, daß Friede herrschen und Barmherzigkeit geübt werden sollte. Vom 21. Dezember an ruhten drei Wochen lang alle Streitigkeiten, Forderungen wurden vertagt. Niemand sollte seinen Nächsten durch Wort oder Tat beeinträchtigen, jeder sollte des Weihnachtsfriedens teilhaftig werden. Arme und Bedürftige wurden bedacht. Ihnen stand in den Weihnachtstagen das Recht zu, um Gaben zu bitten. Jagdfrevel blieb an diesem Tag ungesühnt.

Der Heilige Abend

Weihnachten bringt eine Fülle von Bräuchen, die dazu beitragen, die Feststimmung zu vertiefen. Der Heilige Abend im Familienkreis gehört für viele Menschen zu den schönsten Stunden des Jahresfestkreises. An den Bräuchen des Abends halten viele Familien seit Generationen fest.

Bescherung

Ursprünglich war es St. Nikolaus, der die Geschenke brachte. Dieser

Trommel, Pfeifen und Gewehr, Fahnen, Säbel und noch mehr . . . Bürgerliche Weihnacht um 1900.

Typisches Spielzeug von Buben und Mädchen auf dem Land. Es wurde oft über mehrere Generationen weiter verschenkt.

Brauch hat sich daraus gebildet, daß er die Kinder als Dank für ihren Fleiß beim Beten und Lernen mit „Apfel, Nuß und Mandelkern“ belohnte. Nach dem Willen der Reformatoren sollte diese Aufgabe das Christkind übernehmen, das aber nicht mit dem Jesuskind gleichzusetzen war, sondern ein engelartiges Wesen war, das von einem Erwachsenen dargestellt wurde. So kam es, daß in protestantischen Gegenden das Christkind, weiß gekleidet und mit Schleier, Krone und Engelsflügeln versehen, am Christfest die Kinder bescherte. Begleitet wurde es, von der Geistlichkeit nur ungern gesehen, wie St. Nikolaus von einem rauhen Gesellen, dem Knecht Ruprecht oder Pelzmärte. Vom Abfragen der Glaubenslehre blieb in späterer Zeit nur noch übrig, daß die Kinder kleine Gedichte und Verse aufsagten.

„Christkindlein, komm' in
unser Haus,
leer' deine große Tasche aus,
stell' dein' Schimmel untern Tisch,
daß er Heu und Hafer frißt.
Heu und Hafer frißt er nit?
Mandelhippen kriegt er nit!“

Mit dem Erstarken des Bürgertums im 19. Jahrhundert gewann jene Seite des Weihnachtsfestes immer mehr Gewicht, deren Mittelpunkt im Bescheren der Kinder lag. Der Gabentisch rückte ins Zentrum des Geschehens und drängte den eigentlichen Weihnachtsgedanken in den Hintergrund.

Essen an den Weihnachtstagen

In vielen Familien werden alljährlich an den Festtagen traditionell die Speisen gegessen, die bei ihnen seit langem gebräuchlich sind und oft schon im Elternhaus üblich waren. Der Brauch, an Weihnachten etwas besonders Gutes zu essen, ist alt. Nur der Heilige Abend ist davon ausgenommen, da er noch in die Fastenzeit fällt. Daher gibt es am Abend in katholischen Familien nur eine einfache Mahlzeit. Nach der Mitternachtsmesse wird dann eine kräftige Fleischsuppe oder ein anderes Essen gereicht, das oft die daheim gebliebene Großmutter für die heimkehrenden Mettenbesucher zubereitet. Da und dort ist es noch üblich, eines verstorbenen Familienmitglieds zu gedenken, indem man auch für es einen Teller aufdeckt.

Lieder

Das Singen gehört seit jeher zu Weihnachten. Eine Fülle von Liedgut aus allen Epochen ist uns überliefert, das die Freude deutlich werden läßt, mit der die Menschen jedes Jahr aufs neue die Weihnachtsbotschaft aufnahmen. Auch der sich wandelnde Zeitgeschmack durch die Jahrhunderte hindurch ist gut ablesbar. Schlichte Weisen wurden abgelöst von gefühlsbetonten Gesängen, die wiederum einfache Lieder nach sich zogen. Viele der Lieder gingen in übersetztem Text über die Grenzen hinweg und wurden in den Nachbarländern bald ebenso beliebt wie im Ursprungsland.

Ein schöner Brauch in der evangelischen Kirche ist das „Quempas-Singen". Die dunkle Kirche wird nur erhellt von den Quempas-Sängern, die sich mit Kerzen in vier Gruppen auf die Kirche verteilt haben. Nun beginnt die erste Schar den Anfang des Liedes zu singen, von dem das Singen seinen Namen hat: „Den die Hirten lobeten sehre", lateinisch „Quem pastores laudavere". Die zweite Gruppe löst die erste ab, dann setzt die dritte und anschließend die vierte ein. Dem Wechselgesang folgt ein gemeinsam gesungener Teil. Auf diese Weise werden alle Strophen gesungen. Am Ende des Gottesdienstes zünden die Kirchgänger vorbereitete Kerzen am Licht der Quempas-Sänger an und tragen ihr Weihnachtslicht nach Hause, um die Christbaumkerzen damit anzuzünden.

Der Christbaum

Bäume und insbesondere immergrüne Bäume hatten für die Menschen in alter Zeit eine ganz besondere Bedeutung. Sie waren Sinnbild für das Leben; in ihnen lebten gute Geister, die Schutz boten vor dem Bösen. Deshalb wurden Häuser und Stuben einst mit Tannenzweigen besteckt. An Türen und Toren angebracht, sollten sie Dämonen und bösen Geistern den Zutritt verwehren. Zur Feier der Wintersonnenwende versinnbildlichte das Tannengrün die Hoffnung auf einen neuen Frühling, auf Wärme und Leben.

Ein wenig von diesen Gedanken lebt noch, wenn wir auch heute zur

So könnte die Weihnachtsstube im großbäuerlichen Haus zu Beginn unseres Jahrhunderts ausgesehen haben.

Weihnachtszeit die Räume mit Tannengrün ausschmücken, hinter Bilder und Spiegel Zweige stecken und auch die Geschenke mit Tannenzweigen versehen. Auch in der Redensart kommt es noch zum Ausdruck: wer „auf keinen grünen Zweig kommt“, dem fehlt der Schutz der guten Geister und damit auch das Glück.

Im Zimmer aufgesteckte Zweige wurden später von einem Bäumchen abgelöst, das zunächst an die Decke des Raumes gehängt wurde. Aus vorreformatorischer Zeit am Oberrhein sind uns Gemeinschaftsbäume für Gesellschaften und Zünfte bekannt, die in Umzügen umhergetragen und umtanzt wurden. Sie waren mit Äpfeln, Birnen, Nüssen, Oblaten, Flittergold und Papierrosen geschmückt. Man nannte solche Bäume „Weihnachts- oder Wintermaien“.

In mittelalterlichen Spielen wie dem „Oberuferer Christgeburtsspiel“ trug der „Baumsinger“ ein bunt geschmücktes Bäumchen. Auch Bäumchen, die auf der einen Seite mit Äpfeln, auf der anderen mit den Marterwerkzeugen Jesu versehen waren, wurden bei Spielen und Umgängen

Fertigt man die Spitzensterne aus einfachem weißem Papier, wirken sie wie Schneekristalle.

als „Baum der Erkenntnis" getragen. So bekam der Weihnachtsbaum einen Bezug zur christlichen Lehre.

Als geschmückter Lichterbaum als Mittelpunkt im familiären Bereich wird der Weihnachtsbaum erstmals Mitte des 17. Jahrhunderts im Elsaß erwähnt. Von hier aus fand der Christbaum seine Verbreitung in Europa, allerdings zunächst nur an Königs- und Fürstenhöfen, in Adelskreisen und auf großen Gutshöfen. Danach fand er Eingang in der bürgerlichen Oberschicht der Städte. Auf dem Land dauerte seine Annahme etwas länger; in protestantische Landesteile kam er früher als in katholische, denn dort stand die Krippe im Mittelpunkt des Weihnachtsgeschehens. Im 19. Jahrhundert, nachdem der Baum immer mehr christlicher Symbolträger wurde, fand er auch Eingang in die Kirchen.

Christbaumschmuck

Äpfel, Nüsse, Oblaten, Papierblumen und das Rauschgold waren der Schmuck der ersten Weihnachtsbäume. Sie alle hatten Symbolcharakter. Dem Apfel kam von alters her im Volksglauben große Bedeutung zu. Er war Fruchtbarkeitssymbol, diente als Orakel und war christliches Sinnbild für Unsterblichkeit und Auferstehung. In vielen Märchen und Sagen steht der Apfel, oft der goldene, im Mittelpunkt. Im Reichsapfel begegnet er uns als Symbol für weltliche und geistliche Macht. Unzählige Bräuche der Vorweihnachtszeit haben mit dem Apfel zu tun. So darf er auch am Christbaum nicht fehlen – schön poliert oder vergoldet. Die später hergestellten gläsernen Christbaumkugeln haben im Apfel ihr Vorbild.

Die Rose galt als eine ganz besondere Blume, um die sich viele Legenden rankten. Im Kirchenlied „Es ist ein Ros' entsprungen" aus dem 15. Jahrhundert wird die Geburt Christi als Aufblühen der Rose in kalter Winternacht besungen. Rot als die Farbe des Blutes, der Liebe und des Todes hat zusätzlichen Symbolgehalt. So kam es zu den roten Papierrosen am Christbaum.

Nüsse beschrieb der Kirchenvater Augustinus um 400 als christliches Sinnbild: „Als Christussymbol bezeichnet die Hülle das Fleisch Christi, das die Bitterkeit der Passion gekostet hat, der Kern das süße Innere der Gottheit, die Nahrung spendet und durch ihr Öl das Licht ermöglicht, die Schale das Holz des Kreuzes."

Vergoldete Nüsse und Äpfel, Rauschgold und Zischgold wurden nicht nur wegen ihres schönen Glanzes an den Baum gehängt. Schon im Altertum galt das Gold seiner Reinheit wegen als Heilmittel, dazu sprach man ihm dämonenabwehrende Kräfte zu.

Im 19. Jahrhundert wurde es üblich, den Christbaum zur Freude der Kinder mit allerlei Eßbarem zu behängen. Da hingen Zuckerkringel, Lebkuchen, Marzipanfiguren, Springerle (Eierzucker), Spekulatius, Ausstecherle, süße Brezeln und vieles andere mehr. Nach und nach, oft aber erst am Neujahrs- oder Dreikönigstag, durften die Kinder den Baum

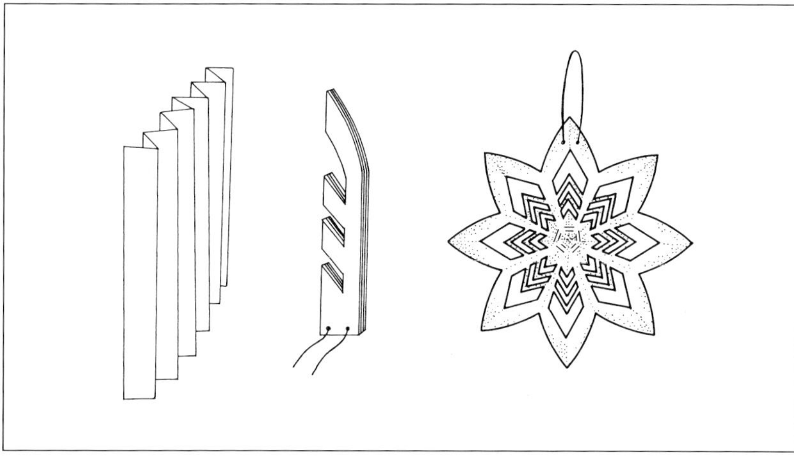

„plündern“. Da nimmt es nicht wunder, daß die Köstlichkeiten oft klammheimlich von hinten, wo es nicht so auffiel, stibitzt wurden. Im späten 19. Jahrhundert verdrängte allmählich gewerblich hergestellter Schmuck den eßbaren Baumbehang.

Von dieser Zeit an blühte ein ganz neuer Industriezweig auf: der des Christbaumschmuckes. Thüringer Glasbläser waren besonders geschickt in der Herstellung von verspiegelten Kugeln, Früchten, Vögeln, Nüssen, Ketten, Zapfen, Christbaumspitzen und vielem anderen mehr. Engelshaar, Eisgirlanden, leonische, das sind aus Metalldrähten gefertigte Waren, Fadenglasschmuck, Lametta – alles glänzte und funkelte und war zunächst auch mehrfarbig bemalt. Später, zu Beginn des 20. Jahrhunderts, kam silbrig weißer Christbaumschmuck in Mode.

Holz, Porzellan, Zinn, Wachs, Stoff, Watte, Pappe und Kreppapier, Eisen- und Messingblech waren in der Folge die Werkstoffe, aus denen vorwiegend in Heimarbeit all die zierlichen Dinge für den Christbaum hergestellt wurden.

Während beim Adel und in „gehobenen“ bürgerlichen Kreisen an die Bäume auch wertvolle Geschenke und Spielzeug für die Kinder gehängt wurden – später wurden die Gaben unter den Baum gelegt und das Spielzeug in Miniaturausführung an die Zweige gehängt – blieb es auf dem Land noch lange bei Kerzen, Äpfeln und Nüssen und bei eßbarem Christbaumschmuck.

Zu allen Zeiten war selbstgebastelter Weihnachtsschmuck beliebt: Sterne, Netze und Girlanden, Papierblumen, bemalte Springerle, Ketten und Sterne aus Stroh und Goldpapier und vieles andere wurde im Familienkreis hergestellt.

Spitzenstern

Ein Papierstreifen aus weißem Schreibpapier oder Goldpapier im Format von etwa 6 × 30 cm wird fächerartig in schmale Streifen gefaltet. Die einzelnen Streifen sollten 1–1,5 cm breit sein. In die Falten werden nun mit einer spitzen Schere Formen geschnitten. Es lassen sich viele filigrane Muster herstellen. Am unteren Ende des gefalteten Streifens wird dann mit einer Nähnadel zweimal ein fester Faden durchgezogen, das fächerartige Gebilde zu einem Stern aufgefaltet, der Faden wird unten festgezogen und seine Enden werden miteinander verknotet. Anfang und Ende des Papierstreifens werden dann leicht zusammengeklebt; dabei wird auch der Faden nach außen genommen und zum Aufhängen verknotet.

Der Christbaum als Dekorationsgegenstand fand auf dem Land kaum Beachtung. Hier fehlten auch meist die Mittel, aufwendigen Schmuck zu kaufen. Natürlich freuten sich auch die Landbewohner, wenn sie auf dem Markt in der Stadt ein neues Stück für den Christbaum erstehen konnten. Aber meist wurde allenfalls Zerbrochenes durch Neues ersetzt, im übrigen alle Jahre wieder das liebgewordene Alte verwendet und zur Freude der Kinder Gebäck und Naschwerk an die Zweige gehängt.

Lichter und Halter

Seit 1700 sind Kerzen, zunächst Wachskerzen, am Weihnachtsbaum bekannt. Die um 1830 aufkommenden Stearin- und Paraffinkerzen, die der Handel schon bald in vielen Farben anbot, machten den Kerzenschmuck für mehr Menschen erschwinglich. Daneben kamen auch, vor allem in ärmeren Familien, Talglichter und Öllämpchen an den Baum. Die einfachste, jedoch feuergefährlichste Lichtquelle waren halbe Nußschalen, die Öl und Docht aufnahmen und mit Draht oder Bindfaden an den Zweigen befestigt wurden.

Bevor die ersten Kerzenhalter für Christbaumkerzen entwickelt waren, wurden diese auf ganz unterschiedliche Weise befestigt. So steckte man beispielsweise einen Nagel, dessen Kopf abgezwickt worden war, in die Kerze; das spitze Ende wurde dann in den Zweig gedrückt. Die ersten industriell gefertigten Lichthalter waren aus Metall – figürlich geprägte Formen, deren Klemmechanismus bis heute fast unverändert blieb. Außerdem gab es Pendelkerzenhalter aus Blei oder Zinn, die mit ihren figürlichen Darstellungen zugleich einen hübschen Schmuck abgaben.

Christbaumständer

Zunächst waren es Holzklötze und -kreuze, in deren eingebohrten Löchern der Baum Halt fand. Kleinere Bäume steckte man auch in halbierte Rüben. Manche benutzten einen Fußschemel oder Hocker, in dessen Eingriffloch der Baum eingekeilt festhielt. Darunter konnte man das Stammende in ein Gefäß mit Wasser stellen und das Ganze anschließend mit Tannengrün, Stoff oder Papier abdecken.

Weit verbreitet waren die Christbaumgärtlein aus Holz. Selbst gebaut oder vom Schreiner gefertigt, wurden sie alljährlich liebevoll zu einer Landschaft aus Moos gestaltet, in der Holzschäfchen weideten oder sie wurden mit Äpfeln, Nüssen und Lebkuchen ausgeschmückt.

Christbaumgärtlein aus Holz waren beliebte Baumständer, die oft in der Familie angefertigt wurden.

Die industriell gefertigten, gußeisernen Christbaumständer sind seit etwa 1880 im Handel erhältlich.

Die Krippe

Es waren die Klosterkirchen, in denen die ersten Krippen aufgestellt wurden. Den Mittelpunkt bildete die Heilige Familie im Stall, umgeben von Ochs und Esel, Hirten und Schafen und dem Engel, der die Botschaft brachte.

Franz von Assisi baute im Jahr 1223 im Wald von Greccio in einer Höhle eine Krippe auf und trug damit viel zur Verbreitung des Brauches bei, der Aufklärung und Säkularisierung überdauert hat und auch in unserer Zeit festen Bestand hat.

Im Lauf der Jahrhunderte bildete jede Landschaft ihre eigenen Krippenformen heraus. Entstanden sind die Figuren dafür vielfach in Klöstern, aber auch weltliche Schnitzer schufen sie. Die Barockzeit war die Blütezeit der Krippenkunst. Damals entstanden viele ungemein prunkvolle und bis ins kleinste Detail ausgestaltete Krippen von hohem künstlerischen Wert. Krippen waren von nun an vermehrt auch in Wohnungen zu finden und hatten da ihren Platz unter dem Weihnachtsbaum. In katholischen Familien stand jedoch noch sehr lange ausschließlich die Krippe in der Weih-

‚Springerle', auch Nürnberger Marzipan oder Eierzukker genannt, sind heute noch beliebt.

Der Krippenbauer hat Stall und Figuren im fränkischen Stil gestaltet.

nachtsstube. Wie der Baum lange Zeit eher zur protestantischen Weihnacht gehörte, war die Krippe Inbegriff katholischer Weihnachtsfrömmigkeit.

In Tirol werden seit rund 200 Jahren in den Familien Krippe und Figuren selbst gebaut und in eine Landschaft eingefügt, die der eigenen Umgebung entspricht. Auch das heimatliche Leben und Treiben wird miteinbezogen. Für große Landschaftskrippen muß sogar die Stube teilweise ausgeräumt werden.

Der Heilige Abend beginnt vor der Krippe: dort wird das Weihnachtsevangelium gelesen, wird gebetet und gesungen.

Auf dem Land gingen die Nachbarn gern zum „Krippeleschauen": man besuchte sich gegenseitig und freute sich an den kunstvoll aufgebauten Hauskrippen. Kindern und Erwachsenen wurde das Weihnachtsgeschehen auf diese Weise immer wieder aufs neue nahegebracht, und auch sie selbst kamen sich bei gebotener Gastfreundschaft näher.

Die vielen weihnachtlichen Wiegenlieder verdanken wir dem alten Brauch des „Kindleinwiegens", der zunächst in den Kirchen ausgeführt, später in den familiären Bereich verwiesen wurde. Kinder zogen mit dem Christkind in der Wiege von Haus zu Haus, stellten es auf den Tisch, sangen und wiegten das Kind. Jede Familie freute sich, wenn die Kinder mit dem Christkind bei ihnen einzogen, und die Kinder freuten sich, wenn sie eine kleine Gabe dafür bekamen.

Backwerk

Das süße Backwerk zur Weihnachtszeit soll es schon in germanischer Zeit gegeben haben. Beim Feiern der Mittwinterfeste war das Süße nicht nur Naschwerk, sondern auch ein Mittel zur Besänftigung der bösen Mächte.

Jede Region kennt ihre Gebäckspezialitäten. Die bekanntesten und wohl ältesten Backwaren zu Weihnachten sind Lebkuchen und Christstollen. Zu den beliebtesten Gebäcksorten im süddeutschen Raum zählen Springerle, Lebkuchen, Ausstecherle (Butterbackwerk) und Hutzelbrot (Schnitzbrot). Mit dem Backen begann man erst wenige Tage vor dem Fest. Nur Springerle wurden vorher gebacken, damit sie Zeit zum Weichwerden hatten. An Heiligabend bekam jedes Familienmitglied, vor allem Kinder und Dienstboten, einen Teller oder Brotnapf gefüllt mit Gebäck. Vorher fiel allenfalls ein Versucherle ab.

Springerle

Das im schwäbischen Springerle, im Fränkischen Nürnberger Marzipan und Eierzucker genannte Gebäck wird in geschnitzten Holzmodeln aus einem Eierteig geformt. Die Modelformen wurden früher von den Konditoren und Zuckerbäckern oft selbst geschnitzt. Formenschneider oder Modelstecher waren aber auch alte Berufe mit Zunftzugehörigkeit. Vielfältig waren die Muster und Formen, deren hohe Zeit im Barock und Biedermeier lag. Modelstecher zogen mit ihrer Ware über Land, boten sie zum Kauf an und nahmen Bestellungen auf. Die im ausgehenden 19. Jahrhundert gestochenen Model zeigen nicht mehr die symbolträchtigen, kunstvollen Figuren. Noch heute werden in vielen heimischen Backstuben zur Weihnachtszeit die alten, weitervererbten Model hervorgeholt.

Zutaten: 4 Eier, 500 g Puderzucker, 1 Prise Hirschhornsalz, 500 g Mehl, 2 Eßlöffel Anis (nach Belieben: Schale einer Zitrone, 1 Likörglas Kirschwasser oder Rum).

Eier und Zucker gut schaumig rühren, mit dem gesiebten Mehl und den übrigen Zutaten mischen und den Teig auf dem Brett gut durchkneten. Drei Stunden in der Kälte ruhen lassen. Den Teig etwa zentimeterdick auswellen, den Model mit einem mehlgefüllten Säckchen bestäuben, auf den Teig legen und fest andrükken. Die ganze Teigfläche auf diese Weise „bedrucken“. Die Formen mit Teigrädchen oder Messer ausschneiden und mit einem breiten Messer auf ein gefettetes, mit Anis bestreutes Backblech setzen. 24 Stunden in einem kalten Raum abtrocknen lassen. Bei 160 °C etwa 25 Minuten backen. Die Springerle sollen oben weiß und unten zart goldgelb sein und ein gleichmäßiges „Füßchen“ bekommen. Nach dem Backen 2 bis 3 Wochen kühl und nicht zu trocken lagern, damit sie zart werden.

Das Wort Springerle leitet sich vom Aufspringen des Teiges während des Backvorganges ab. Liebevoll gestaltete Springerle waren Geschenke unter Liebenden, an Kinder und Dienstboten. Nicht nur zur Weihnachtszeit, zu jedem Anlaß gab es die passenden Motive. Bunt bemalte Springerle wurden auch gern als Christbaumschmuck verwendet.

Lebkuchen

Heute wird der Honigkuchenteig für Lebkuchen nicht mehr mit Model ausgeformt, sondern ausgestochen, rechteckig oder rautenförmig geschnitten. Wahre Künstler waren die alten Lebküchner und Lebzelter, die in den zierlich geschnittenen Reliefformen den zähen Teig ausformten. Deshalb verzichtete man im Laufe der Zeit auf die kunstvollen Model, half sich mit Bemalung aus Zuckerguß oder verzierte die Lebkuchen mit aufgeklebten, farbigen Prägebildern.

Zutaten für Honiglebkuchen: 500 g Honig, 375 g Zucker, 1250 g Mehl, 15 g Hirschhornsalz, 4 Eier, 250 g gemahlene Wal- oder Haselnüsse, 50 g Zitronat, 50 g Orangeat, Zimt, gemahlene Nelken, Kakaopulver, etwas warmes Wasser, wenn nötig.

Alle Zutaten vermengen. Den zähen Teig auf ein gefettetes Blech streichen und etwa 30 Minuten bei 200 °C backen. Noch warm in gleichgroße Vierecke schneiden und mit Zuckerguß bestreichen.

Hutzelbrot

Getrocknete Birnenschnitze (Hutzeln) und anderes Dörrobst waren in jedem Haushalt reichlich vorhanden, dafür hatte man im Herbst gesorgt. Das Hutzelbrot, auch Schnitz- oder Früchtebrot, gehörte wie kein anderes Gebäck zur Weihnachtszeit und wurde im Bauernhaus in großen Mengen gebacken. Es war sehr lange haltbar. Auch verschenkt wurde es gern. Ohne weiteres können Zutaten wie Feigen, Rosinen, Sultaninen, Zitronat, Orangeat gekürzt oder weggelassen werden. Das Brot enthält dann eben mehr Mehl und schmeckt etwas trockener.

Zutaten: 500 g Hutzeln, 500 g getrocknete Pflaumen, 60 g Hefe, 1000 g Mehl, 250 g brauner Zucker, 500 g Feigen, 125 g Orangeat, 125 g Zitronat, gewürfelt, 250 g ganze Haselnüsse, 250 g Walnußhälften, 250 g gemahlene Haselnüsse, 250 g Mandeln, ungeschält, gemahlen, 250 g Sultaninen, 250 g Korinthen, 50 g Zimt, 1 Eßlöffel Anis, 1 große Prise Salz.

Pflaumen und Birnen über Nacht einweichen, sehr harte Birnen vor dem Einweichen kurz aufkochen. Am Morgen die Früchte auf ein Sieb schütten und die Brühe auffangen. Pflaumen entsteinen, Birnen sorgfältig entstielen. Die Früchte grob würfeln. Mit etwas angewärmter Brühe und der Hefe, etwas Mehl und Zucker ein Hefestück ansetzen. Sobald es gegangen ist, das Mehl und nach und nach sämtliche anderen Zutaten darunter arbeiten. Den Teig gut zusammenschlagen, mit Mehl bestäuben und zugedeckt an einem warmen Ort gehen lassen. Sobald das Mehl Risse bekommt, den Teig auf dem Brett zusammenwirken. Stücke von etwa 600 g abwiegen und zu Laiben formen. Die Teigmenge ergibt sechs Lai-

Hutzelbrot wurde gern verschenkt und ließ sich gut aufbewahren. Deshalb wurde davon viel in den Bauernhäusern gebacken.

be. Über Nacht stehen lassen und am anderen Morgen bei 200 °C 40 bis 50 Minuten backen. Noch warm mit etwas Schnitzwasser, das dafür aufgehoben wird, bestreichen. Nach einigen Tagen kann das Hutzelbrot angeschnitten werden. Kühl gelagert hält es sich lange gut.

Die zwölf Nächte

Die Zwölf Nächte, auch die Zwölften genannt, sind in den einzelnen Landschaften unterschiedlich terminiert. Beginnen sie im Alpenraum mit dem Thomastag, so umfassen sie in Süddeutschland den Zeitraum zwischen Heiligabend und Dreikönig, in Mecklenburg die zwölf Nächte nach Neujahr. Nach uralter Vorstellung waren in den Zwölf Nächten Geister, Hexen und Dämonen unterwegs. Die „Wilde Jagd" flog durch die Lüfte, das Totenheer der unerlösten Seelen, dem Wotan vorausritt.

In den „Rauhnächten" – so wurden ursprünglich nur vier, später alle Zwölf Nächte genannt – ängstigte man sich vor den übersinnlichen Mächten besonders. Der Name kommt möglicherweise von den „rauhen", haarigen oder mit Fell bekleideten wilden Gestalten, die in dieser Zeit umgingen; vielleicht kommt er aber auch vom Rauch, denn Haus und Stall wurden zum Segen für Mensch und Tier ausgeräuchert. Dies wird teilweise noch heute im süddeutschen Raum praktiziert.

Weil man diese unheimliche Zeit nicht gern allein zubrachte, und um den Schutz des Hauses zu verstärken, besuchten sich die Menschen gegenseitig. So kam es zur Gastlichkeit, die in den zwölf Tagen überall herrschte. Alle Häuser standen für jedermann offen. Jeder tischte auf, was er besaß. Es wurde gesungen und gespielt, Rätsel und Orakel wurden gestellt.

Die Heilige Nacht, in Süddeutschland die erste der Zwölf Nächte, war voller Wunder. Alle Mächte, deren Wirksamkeit man in dieser Zeit zu spüren meinte, zogen sich um Mitternacht zusammen und stellten die Naturgesetze auf den Kopf. Bäume blühten, Wasser wurde in Wein verwandelt, Tiere sprachen. Deshalb wurde in dieser Nacht auf vielfältige Weise die Zukunft befragt. Man schnitt einen Apfel auf und schloß von seinen Kernen auf die Zukunft. Waren sie beim Schneiden unversehrt geblieben, stand Glück ins Haus. Die Christrose, eine alte Heilpflanze, diente als Orakel zur Wettervorhersage; grub man ihre Wurzeln an Heiligabend aus, wirkten sie am kräftigsten. Auch Zwiebeln dienten als Wetterorakel.

Wie sich's Wetter vom Christtag bis
Dreikönig verhält,
so ist es das ganze Jahr bestellt.

Zwiebelschalen-Orakel

Sechs mittelgroße Zwiebeln werden halbiert und soweit ausgehöhlt, daß kleine Schüsselchen entstehen. In jedes gibt man ein Häufchen Salz und stellt sie in einer Reihe vors Fenster, für jeden Monat des neuen Jahres eines. Am nächsten Morgen wird begutachtet, wieviel Flüssigkeit sich in den Schälchen gebildet hat, und je nachdem ist für den betreffenden Monat mehr oder weniger Regen zu erwarten.

Von den Haustieren, die in der Heiligen Nacht reden konnten, hörte, wer es verstand, mancherlei über sein persönliches Ergehen im neuen Jahr.

Damit der Teufel, der überall seine Schlingen auslegte, nicht zum Zuge kam, gab es für die Zwölf Nächte zahlreiche Ge- und vor allem Verbote. Dazu gehörte, daß man keine Wäsche waschen und keine Wäscheleine spannen durfte. Der Teufel könnte sich in ihr verfangen und so das ganze kommende Jahr über im Haus bleiben. Wo zwischen Weihnachten und Dreikönig gewaschen wurde, war bald ein Todesfall zu erwarten. Dies ist wohl so zu verstehen: wenn in einem Haus trotz des Verbotes doch gewaschen wurde, dann nur dort, wo ein Kranker zu versorgen war, bei dessen Pflege nun einmal mehr Wäsche anfiel. Starb der Kranke, so folgerte man von seinem Tod auf die Nichteinhaltung des Waschverbotes. Der Gedanke liegt nahe, daß diese Auflagen verhindern sollten, daß die Menschen ständig arbeiteten und sich nicht ein paar Tage Ruhe gönnten. Diese Erklärung klingt sehr vernünftig, ist aber doch nicht die ganze Wahrheit. Vernunftgemäße und nicht rational erklärbare Begründungen vermischten sich. Auch Backen und Spinnen fielen unter die verbotenen Arbeiten; daher das Vorausarbeiten in der „Durchspinnacht" am Thomastag. Haare und Fingernägel sollten nicht geschnitten werden; wer es dennoch tat, hatte Kopfweh und „böse" Finger zu befürchten. Es galten Namenstabus: Maus, Ratte, Wolf und Fuchs durften nicht bei ihren Namen genannt werden, da man sie mit dem Teufel im Bunde wähnte. Bestimmte Speisen wie Hülsenfrüchte sollten nicht gegessen werden.

Silvester

Das Silvesterfest ist Ausklang des vergangenen und Vorfeier des kommenden Jahres. Papst Silvester, der zur Zeit Kaiser Konstantins die römische Kirche aus der Verfolgung führte, gab diesem Tag den Namen. Sein Todestag war vermutlich der 31. Dezember 335.

Im Mittelpunkt der Feiern im Familien- und Freundeskreis stehen Spiele und Tanz, Essen und Trinken und um Mitternacht das Abschießen von Böllern und Feuerwerk. Das letztere hat sich aus dem Schießen mit Gewehren entwickelt, das immer wieder wegen seiner Gefährlichkeit von der Obrigkeit verboten wurde. Man ging dann zu Knallfröschen und Feuerwerkskörpern über. Mit Lärm und Licht suchte man von jeher in dieser Nacht des Jahreswechsels die Dämonen zu vertreiben und die Furcht vor dem Kommenden zu überlagern.

Silvester auf dem Land

Nach dem Besuch des Gottesdienstes am Jahresschluß kam die Familie zu einem einfachen, aber traditionellen Essen zusammen: Saitenwürste oder Bismarckhering mit Kartoffelsalat. Kinder durften länger als üblich aufbleiben oder wurden dann um Mitternacht geweckt, um das Läuten der Neujahrsglocken zu hören. Die Mutter behielt für den Silvesterabend noch etwas vom Weihnachtsgebäck zurück, das zu Glühwein oder Glühmost köstlich schmeckte. Bei Spiel und Unterhaltung saß die Familie zusammen, bis mit dem Zwölfuhrschlag der Glocken und dem anschließenden Geläut das allgemeine Glückwünschen begann. Junge Männer gingen vor das Haus ihrer Liebsten, um dem Mädchen das Neujahr anzuschießen. In manchen Gemeinden spielte der Posaunenchor den Choral: „Nun danket alle Gott", oft vom Kirchturm herab. Nach einem gemeinsamen Dankgebet begab man sich zur Ruhe. Heute wird übergangslos in das neue Jahr hineingefeiert.

Glühmost

$^1/_2$ l Most, 3 Teelöffel Zucker, 5 Gewürznelken, 1 Lorbeerblatt, $^1/_2$ Zimtstange, 1 Scheibe Zitrone.

Alle Zutaten werden in einem Topf zum Sieden gebracht.

In manchen Gegenden gingen die Männer am Silvesterabend ins Wirtshaus, wo der Wirt Freibier ausschenkte oder Glühwein spendierte. Sie würfelten um Neujahrsringe oder -brezeln, die sie dann um Mitternacht ihren Angehörigen zum Glückwünschen mitbrachten.

Zukunftsdeutung, Orakel und Wahrsagebräuche

Wie schon die Andreas- und Thomasnacht, war die Silvesternacht für vielerlei Orakel gut: Bleigießen, Zukunftlesen aus Apfelschalen, Schuhwerfen, Kartenlegen, Gießen von Freikugeln und mehr. Von den unzähligen Los- und Orakelbräuchen hat sich fast nur noch das Bleigießen erhalten. Anstelle von Blei nahm man früher auch Wachs.

Wachsgießen

In einem alten Löffel wird das Wachs oder Blei über einer Kerze verflüssigt und sodann in eine Schüssel mit kaltem Wasser gegossen. Die entstandenen Gebilde werden nach alten Überlieferungen gedeutet: ein Adler läßt auf baldige Heirat schließen, ein Faß auf Wohlstand, ein Engel auf Wunscherfüllung und glückliches Alter, Sterne auf Glück und Kreuze auf Leid. Dazu kommen die vielen berufsbezogenen Attribute, die etwas über den Beruf des Betreffenden selbst oder des zukünftigen Ehemannes aussagen.

Eine Richtschnur für das kommende Jahr erhoffte sich, wer mit einer Stricknadel in das geschlossene Gesangbuch oder die Bibel fuhr, von dem Vers, auf den er dabei stieß. Träume in der Silvesternacht sollten in Erfüllung gehen. Das wünschten sich vor allem junge Mädchen, die zuvor am Abend miteinander einen Traumpfannkuchen gebacken hatten. Schweigend und ohne zu lachen mußten sie den Teig bereiten, den Pfannkuchen backen und verzehren. War alles in der rechten Weise geschehen, bestand Aussicht, daß ihnen im Traum der Zukünftige erschien.

Anhaltspunkte für das Wetter im kommenden Jahr gab die Witterung in der Silvesternacht. Wind von Osten ließ auf ein gutes Obstjahr schließen; blies er von Westen, gab es viel Milch und Fische. Nordwind wies auf Sturm und Kälte hin.

Wer das Herdfeuer in dieser Nacht nicht ausgehen ließ, dem waren Wärme und Nahrung das Jahr über gewiß. Von allen Silvesterspeisen sollte bis zum Neujahrstag ein Rest stehen bleiben, dann ging das Essen nicht aus.

Neujahr

Will das Glück nach seinem Sinn
dir was Gutes schenken,
sage Dank und nimm es hin
ohne viel Bedenken.

Jede Gabe sei begrüßt,
doch vor allen Dingen:
das, worum du dich bemühst,
möge dir gelingen.
(Wilhelm Busch)

Ehe im Jahr 1691 der 1. Januar als Jahresanfang verbindlich festgelegt wurde, fand der Jahreswechsel zu unterschiedlichen Terminen statt. So zum Beispiel am 6. Januar, dem Erscheinungsfest, das deshalb auch den Namen Groß- oder Hochneujahr bekommen hat.

In den Kirchen feiert man Neujahr als Fest der Beschneidung des Herrn und zur Erneuerung an die Namensgebung Jesu. Im übrigen ist Neujahr ein weltliches Fest, das auch heute noch, zumindest auf dem Lande, mit Einläuten, Ansingen, Anblasen, Anschießen und allseitigem Beglückwünschen begrüßt wird.

Die Neujahrsbrezel ist ein traditionelles Gebäck. Kinder bekamen sie von ihren Paten und Großeltern. Schön verzierte Brezeln schenkten auch Burschen ihren Mädchen zum Neujahrstag.

Neujahrswünsche

Die Glück- und Segenswünsche, die zu Neujahr ausgesprochen werden, gehen auf einen römischen Brauch zurück. Später kam hinzu, sich zu Neujahr mit besonderem Gebäck zu beschenken. Erst nach 1900 verbreitete sich auch auf dem Lande die Sitte, Neujahrswünsche auf gedruckten Postkarten zu versenden.

Mit Hoffnungen und Erwartungen geht man ins neue Jahr. Eine alte Volksweisheit rät, den Neujahrstag so zu verbringen, wie man sich alle Tage des neuen Jahres wünscht. Noch lange Zeit machten sich auf dem Land die Menschen nach dem Kirchgang auf, Nachbarn, Verwandten und guten Freunden persönlich ihre guten Wünsche zum Jahreswechsel zu überbringen. Dabei wurde ebenfalls das Neujahrsgebäck verschenkt. Kinder wünschten Großeltern und Paten mit einem zuvor eingeübten Spruch Glück und Gesundheit und erhielten ebenfalls ihre Neujahrsbrezel oder ihren Neujahrsring. Brezeln, Ringe oder auch Wecken wurden vor Neujahr beim Bäcker bestellt, der sie aus Hefeteig in der gewünschten Größe anfertigte. War die Verwandtschaft freigebig, so sammelten die Kinder oft etliche Ringe oder Brezeln ein, die sie dann freudig an einem Stock aufgereiht nach Hause trugen. Neujahrsverse wurden nicht nur Großeltern und Paten vorgetragen: Armer Leute Kinder nutzten diese Gelegenheit zu Heischegängen. Sie zogen mit Glückwunschversen umher, um sich eine Neujahrsgabe zu erbitten.

Ich bin ein kleiner Mann,
ich wünsche, was ich kann:
viel Glück, viel Heil, viel Segen
mag euch der Höchste geben.
Prosit zum neuen Jahr!

Mein Wunsch soll kürzlich dieser sein:
ich kann nicht viele Worte machen,
Gott segne euch in allen Sachen
und nehme weg den Kummerstein,
der soll in Gold verwandelt sein!
Prosit Neujahr, Dout (Pate)!

Heut ist der erste Januar,
ein Wünschlein möcht' ich bringen dar,
Gott woll' uns miteinander geben
ein fröhlich und gedeihlich Leben.
ein Leben voll Zufriedenheit,
ein Leben zu andrer Nutz und Freud!
Zur Arbeit geb' er das Gelingen,
zu Unrecht mutiges Bezwingen,
getrostes Herz und frischen Blick
und, wie Gott will, soviel an Glück!

Mit dem traditionellen Neujahrsgebäck beschenkten sich auch Verliebte. Bei Lahr (Baden) schossen die Burschen ihren Mädchen das Jahr an und brachten oft eine metergroße Brezel mit, in die sie den Namen des Mädchens einbacken ließen. Sie wurden daraufhin zu Kaffee und Gugelhupf eingeladen.

Wer es mit der Treue nicht so genau nahm, dem hängte man zum Spott eine aus Stroh gefertigte Brezel ans Fenster.

Dreikönig

Das Fest der Erscheinung des Herrn, griechisch Epiphanias, ist nach Ostern das älteste Fest der Christenheit. In den Ostkirchen wird es als Geburtsfest Christi begangen. Das Abendland feiert mit dem Erscheinungsfest das Sichtbarwerden der göttlichen Herrlichkeit. Indem Gott seinen Sohn zur Erde sandte, wurde er selbst Mensch. Die Offenbarung der Göttlichkeit Jesu wird deutlich durch die Anbetung der Weisen oder Magier aus dem Morgenland. Sie huldigten dem Kind mit Gold, Weihrauch und Myrrhe – nicht zuletzt dieser kostbaren Geschenke wegen sah man später Könige in den drei Weisen. Erst im 9. Jahrhundert kamen die Namen Kaspar für den Mohren(= Mauren)könig, Melchior und Balthasar auf. Nachdem 1164 ihre Reliquien von Mailand nach Köln überführt und dort im Dreikönigsschrein des Domes beigesetzt wurden, setzte hierzulande die große Verehrung der Heiligen Drei Könige ein.

Mit dem Dreikönigstag endet zwar nicht die Weihnachtszeit – diese reicht bis Mariä Lichtmeß – aber es endet die Reihe der weihnachtlichen Feste. Krippe und Christbaum stehen noch einmal im Mittelpunkt. Am Morgen richtet sich der erste Blick der Kinder auf die Krippe. Ob sie wohl schon angekommen sind, die Heiligen Drei Könige? An Weihnachten waren sie noch nicht zu sehen gewesen. Dann zogen sie Tag für Tag ein Stückchen näher zur Krippe hin. Nun, an ihrem Festtag, sind sie an das Ziel ihrer weiten Reise gelangt. Königlich gekleidet, mit kostbaren Gaben in den Händen, gefolgt von Elefanten und Kamelen, machen sie dem Kind im Stall ihre Aufwartung.

Der Christbaum erstrahlt am Dreikönigstag noch einmal im Weihnachtsglanz und versammelt die Familie um sich. Mit etwas Wehmut blickt man auf all die erlebnisreichen festlichen Tage zurück. Am folgenden Tag wird er dann abgeräumt; so war und ist es Brauch in vielen Familien. Da und dort bleiben Christbaum und Krippe auch bis zum Ende des gesamten Weihnachtsfestkreises, bis Mariä Lichtmeß, stehen.

Noch etwas zog die Kinder früher in seinen Bann. An diesem letzten Festtag durften sie noch einmal ausgiebig mit den Sachen spielen, die das Christkind alljährlich brachte und die dann wieder, bis zum nächsten Jahr, auf dem Dachboden verschwanden.

Nach Dreikönig kehrte auf dem Land wieder der Alltag ein. Die Männer besorgten das Dreschen und kümmerten sich um Hof und Stall, während die Frauen, wenn sie nicht beim Dreschen gebraucht wurden, sich wieder daran machten, Flachs und Wolle zu Garn zu verspinnen.

Sternsinger

Sternsinger nennt man die Buben und Mädchen, die am 6. Januar von Haus zu Haus gehen und ihre Lieder singen und Verse vortragen. Heute sind sie meist im Auftrag der Kirche unterwegs, die die gesammelten Spenden für karitative Zwecke ver-

Sternsinger sind heute im Auftrag der Kirche unterwegs und bitten um Gaben für bedürftige Kinder.

wendet. Als Könige gewandet und von einem Sternsinger begleitet, machen sie sich nach dem Gottesdienst auf den Weg. Wo sie gesungen haben, schreiben sie an die Türen der Häuser mit Kreide die Jahreszahl und die Segensformel C + M + B. Das steht für die lateinischen Worte Christus mansionem benedicat, Christus segne dieses Haus. Die Buchstaben werden oft auch als die Anfangsbuchstaben von Caspar, Melchior und Balthasar gedeutet. Die Zeichen bleiben das Jahr über an den Eingangstüren stehen.

Die Ursprünge des Sternsingens führen weit zurück. Bonifatius hat bereits im 8. Jahrhundert ein Neujahrssingen ähnlicher Art erwähnt – der 6. Januar wurde nach alter Zeitrechnung als Neujahrstag gefeiert. Im Mittelalter noch sehr gepflegt, wurde das Sternsingen danach von der Obrigkeit verboten, weil es immer mehr in Bettelei ausartete. Nie ganz verloren ging der Brauch in katholischen Gemeinden. Im Jahr 1957 erfuhr er eine neue Sinngebung und Verbreitung, als ihn der Bund der Deutschen Katholischen Jugend in den Dienst der Weltmission stellte. Seither kommt der Erlös der Sammlungen vor allem Einrichtungen für Kinder in der Dritten Welt zugute.

Sich in königliche Gewänder zu kleiden und singend mit dem Dreikönigstern die Häuser aufzusuchen, war früher Vorrecht der Chorknaben. Sie genossen dieses Recht sehr, nicht zuletzt der Gaben wegen, die sie für sich behalten durften.

Hansjakob schildert seine Dreikönigserlebnisse um 1850 in Haslach im Schwarzwald:
„Der schwarze Dreikönig Kaspar war von uns Kindern von jeher am meisten bewundert worden, und deshalb war ich nicht wenig stolz auf seine Rolle und das schwarze Gesicht. Auch schritt der Kaspar stets in der Mitte seiner beiden Kollegen hinter dem Stern her. Der ‚Schwarze' aber, als der vornehmste, hob nie ein Geld auf, das besorgte einer der anderen, entweder der Melchior oder der Balthasar."

Die heiligen drei Könige mit ihrem Stern
sie suchen den Herrn, sie hätten ihn gern.
Und als sie nach Jerusalem kamen,
da schaute Herodes zum Fenster heraus.
Herodes sprach mit falschem Verdacht:
Warum ist der mittlere König so schwarz?
Der mittlere König ist darum so schwarz,
weil er der König vom Mohrenland ist!
Jetzt reichen wir uns die rechte Hand,
die linke ist uns wohlbekannt.
Wir reisen über Berg und Täler
und nehmen die Marke und die Zehner.

Segnung von Wasser, Kreide, Salz und Brot

Zu den Bräuchen am Dreikönigstag gehört seit dem 15. Jahrhundert die kirchliche Segnung des Wassers. Dies geschieht zum Gedächtnis der Taufe Jesu. Das „Dreikönigs-Wasser" nehmen die Menschen in mitgebrachten Gefäßen von der Kirche nach Hause, um es das ganze Jahr hindurch als Weihwasser zur Verfügung zu haben. Mit dem frisch geweihten Wasser gingen sie durch alle Räume in Haus und Stall, besprengten Gärten und Felder und übermittelten so dem ganzen Anwesen den kirchlichen Segen. Seit dem 16. Jahrhundert wird die Kreide geweiht, mit der die Sternsinger die Segenszeichen an die Tür schreiben. Auch Brot und Salz werden zu Beginn des neuen Jahres stellvertretend für alle Speisen des täglichen Lebens unter Gottes Segen gestellt. Das geweihte Salz wurde in der Küche verwendet, krankem Vieh unter das Futter gemischt oder gleich am Dreikönigstag in den Ställen verteilt.

Haussegen zum Dreikönigsfest

Erfüll' mit deinen Gaben,
Herr Jesu, dieses Haus!
Tod, Krankheit, Seelenschaden,
Brand, Unglück treib' hinaus!

Laß' hier den Frieden grünen,
verbanne Zank und Streit,
daß wir dir fröhlich dienen
jetzt und in Ewigkeit!
(aus Oberbayern)

Verzeichnisse

Literaturverzeichnis

Assion, Peter: Ländliche Kulturformen im deutschen Südwesten. Verlag Kohlhammer, Stuttgart 1971.

Bausinger, Hermann: Volkskunde. Tübinger Vereinigung für Volkskunde e.V. 1979.

Bischoff-Luithlen, Angelika: Bräuche, Lebensformen und Rechtsverordnungen in Altwürttemberg. Aus: Forschungen und Berichte zur Volkskunde in Baden-Württemberg 1971–1973.

Cassel, Paulus: Weihnachten. Ursprünge, Bräuche und Aberglauben. Nachdruck der Ausgabe von 1862, Verlag der Vertriebsgesellschaft Modernes Antiquariat. Fourier und Fertig, Wiesbaden (ohne Jahr).

Frommer, Max: Vom Leben auf dem Lande. Theiss-Verlag, Stuttgart 1983.

Gerdes, Heinrich: Geschichte des deutschen Bauernstandes. Verlag B. G. Teubner, Leipzig 1928.

Goepfert, Günter: Alpenländische Weihnacht. Wilhelm Goldmann Verlag, München 1970.

Granow, Gundel: Advents- und Weihnachtsbinderei. Verlag Eugen Ulmer, Stuttgart 1991, 3. Aufl.

Haddenbach, Georg: Bauernregeln, Bauernweisheiten, Bauernsprüche. Falken-Verlag, Niedernhausen 1986 und 1988.

Hansen, Walter: Das große Festtagsbuch. Christopherus-Verlag, Freiburg 1984.

Hansjakob, Heinrich: Der Wälderbub, Verlag von Adolf Bonz & Co., Stuttgart 1937.

Küster, Jürgen: Wörterbuch der Feste und Bräuche im Jahreslauf. Verlag Herder, Freiburg 1985.

Kutik, Christiane: Das Jahreszeitenbuch. Verlag Freies Geistesleben, Stuttgart 1987.

Landesstelle für Volkskunde Stuttgart, Württembergisches Landesmuseum Stuttgart, Hrsg.: Volkstümliche Überlieferungen in Baden-Württemberg. Bearbeitet von Karl Bohnenberger, unter Mitwirkung von Adolf Eberhardt, Heinrich Höhn und Rudolf Kapff. Kommissionsverlag Müller und Gräff, Stuttgart 1980.

Löcher, Paul: Wie's einstens war zur Weihnachtszeit. Schwabenverlag, Ostfildern 1979.

Mattes, Wilhelm: Öhringer Heimatbuch, Hohenlohesche Verlagsbuchhandlung Rau, Öhringen 1929.

Meyer, Elard Hugo: Badisches Volksleben im 19. Jahrhundert. Reprint der Ausgabe 1900. Theiss-Verlag, Stuttgart 1984.

Moser, Bruno: Bilder, Zeichen und Gebärden. Südwest Verlag, München 1986.

Moser, Bruno: Beschreibung des Oberamts Hall. Cotta'sche Verlagsbuchhandlung, Stuttgart und Tübingen 1847.

Petzoldt, Leander: Volkstümliche Feste. C. H. Beck'sche Verlagsbuchhandlung, München 1983.

Rauser, Jürgen Hermann: Mulfinger Heimatbuch, Band 1. Heimatbücherei Hohenlohekreis 1980.

Recht, Christine und Hans-Felix Weberwald: Ernte am Wegrand. Verlag Eugen Ulmer, Stuttgart 1985.

Reyhing, Hans: Unsere Heimat. Württ. Blätter für Heimat- und Volkskunde, Verlag Silberburg, Stuttgart.
Rosegger, Peter: Volksleben in der Steiermark. Wien, Pest, Leipzig 1895.
Schönfeldt, Sybil Gräfin: Feste und Bräuche. Otto Maier Verlag, Ravensburg 1980.
Schwedt, Herbert und Elke: Schwäbische Bräuche. Kohlhammer-Verlag, Stuttgart 1984.
Stille, Eva und Ursula Pfistermeier: Christbaumschmuck. Verlag Hans Carl, Nürnberg 1979.
Stobbe-Rosenstock, Frauke: Osterschmuck und Osterbräuche. Verlag Eugen Ulmer, Stuttgart 1989.
Vossen, Rüdiger, Antje Kelm und Katharina Dietze: Ostereier – Osterbräuche. Hans Christians-Verlag, Hamburg 1987.
Vossen, Rüdiger: Weihnachtsbräuche in aller Welt. Hans Christians-Verlag, Hamburg 1985.
Weber-Kellermann, Ingeborg: Saure Wochen Frohe Feste. Verlag C.J. Bucher, München und Luzern 1985.
Weigert, Joseph: Das Dorf entlang. Verlag Herder, Freiburg 1923.
Woll, Johanna, Margret Merzenich und Theo Götz: Alte Kinderspiele. Verlag Eugen Ulmer, Stuttgart 1988.
Württ. Landesmuseum Stuttgart: Baden und Württemberg im Zeitalter Napoleons. Katalog zur Ausstellung des Landes Baden-Württemberg. Dr. Cantz'sche Druckerei, Stuttgart-Bad Cannstatt 1987.

Zeitungen und Zeitschriften:

Kath. Sonntagsblatt, Schwabenverlag Ostfildern, Nr. 13/1989, 49/1989, 14/1990, 19/1990, 20/1990, 43/1990.
Kath. Volks- und Hauskalender. Schwabenverlag, Ostfildern 1991.
Volkskunst. Zeitschrift für volkstümliche Sachkultur. Verlag Georg D.W. Callwey, München, Heft 1/1989.

Sachregister

Bildquellen

Die Zeichnungen fertigte Marlene Gemke, Germering, nach Vorlagen von Theo Götz, Waldenburg.

Bauer, Roland, Braunsbach-Winterberg: Titelbild, Seite 35, 41, 42, 43, 44, 45, 47(2), 54, 71, 73, 74, 78(2), 79(2), 84, 93, 96, 99, 101, 105

Bildarchiv Hohenloher Freilandmuseum, Schwäbisch Hall-Wackershofen: Seite 10, 13(2), 17, 21, 98

Bildarchiv Stadt Waldenburg: Seite 25

Foto-Mayer, Hüfingen: Seite 62

Götz, Theo, Waldenburg: Seite 7, 19, 24, 31, 48, 56, 67, 70, 117, Vignetten auf dem Umschlag

Kühnle, Karl, Schwäbisch-Hall: Seite 46, 85

Kunz, Bernd, Schwäbisch-Hall-Tüngental: Seite 2, 61(unten), 68

Verband der Volks- und Raiffeisenbanken, Schwäbisch-Hall: Seite 76, 87, 110

Woll, Bernhard, Waldenburg: Seite 53, 59, 106, 114

Lorz, Kurt, Nürnberg: Seite 8, 29, 58, 61(oben), 63, 72, 81, 107

Schlossar GmbH, Crailsheim: Seite 76, 87, 110

Städtisches Verkehrsbüro Rottweil: Seite 34

Wenn Ihnen der Sinn nach mehr steht...

Alte Kinderspiele. Johanna Woll, Margret Merzenich, Theo Götz. 1988. 127 Seiten, 44 Farbfotos, 30 Zeichnungen, 23 Lieder nach Noten. (Ulmer TB 41). Kt. ISBN 3-8001-6214-8. Sind nicht stets die einfachen, oft jahrhundertealten Spiele wie „Himmel und Hölle", „Räuber und Gendarm", Bastelarbeiten wie Pfeil und Bogen, Weidenflöte oder Drachen die eigentlichen Lieblinge der Kinder gewesen? Aus dem Inhalt: Kinderspiele: Lauf- und Fangspiele, Versteckspiele, Blindekuh, Pfänderspiele, Ballspiele, Ratespiele, Abzählverse. Für die Kleinsten: Fingerspiele, Kinderlieder. Im Jahreslauf: Martinstag, Klopfnächte, Neujahr. Spielzeug basteln: aus Naturmaterial, Drachen bauen u.v.a.m.

Advents- und Weihnachtsbinderei. Sträuße, Gestecke, Kränze. Gundel Granow. 3., verbesserte Auflage 1991. 126 Seiten, 53 Farbfotos, 21 Zeichnungen. (Ulmer TB 17). Kt. ISBN 3-8001-6804-9.

Schöner Herbstschmuck. Brauchtum und Floristik. Frauke Stobbe-Rosenstock. Etwa 96 Seiten, 50 Farbfotos, 30 Zeichnungen. Pp. ISBN 3-8001-6565-1. Das Erntedankfest, Feste zur Weinlese oder zur Hubertusjagd haben auch heute noch viel von ihrer Tradition bewahrt und in vielen Gegenden ist zu erkennen, wie mit großer Liebe altes Brauchtum gepflegt oder neu belebt wird. Dazu gibt dieses Buch viele Anregungen. Es beschreibt, wie Erntekronen und Ährenkränze gefertigt werden, wie mit Kindern ein Kürbisfest oder der Sankt Martinstag ausgeschmückt werden kann und zeigt viele Möglichkeiten, das Haus nach alten Traditionen herbstlich zu schmükken. Mit Anregungen von allen Seiten!

Landfrauen kochen. Traditionsrezepte aus Württemberg. Brigitte Heinrich. Etwa 192 Seiten, 30 Farbfotos. (Ulmer Taschenbuch 64, Doppelband). Kt. ISBN 3-8001-6839-1.